VICE ET VERSAILLES

*Crimes, trahisons
et autres empoisonnements
au palais du Roi-Soleil*

DU MÊME AUTEUR

LE MONDE DES ÉCORCES, éditions du Rouergue, 2003.
LE MONDE DES ARBRES D'ORNEMENT, éditions du Rouergue, 2005.
SAGESSE PAYSANNE, avec Pierre Collombert, éditions De Borée, 2005.
L'HOMME À LA MAIN VERTE, éditions du Rouergue, 2006.
LE JARDINIER DE VERSAILLES, Grasset, 2006.
VERSAILLES VU PAR ALAIN BARATON, Hugo et Cie, 2007.
LA VÉRITABLE HISTOIRE DES JARDINS DE VERSAILLES, avec Jean-Pierre Coffe, Plon, 2008.
LES PARTERRES DE LE NÔTRE, Nicolas Chaudun, 2009.
L'AMOUR À VERSAILLES, Grasset, 2009.
LE SAVOIR-TOUT FAIRE DU BON JARDINIER, Flammarion, 2010.
JE PLANTE DONC JE SUIS, Grasset, 2010.

ALAIN BARATON

avec la collaboration de Laure de Chantal

VICE ET VERSAILLES

*Crimes, trahisons
et autres empoisonnements
au palais du Roi-Soleil*

BERNARD GRASSET
PARIS

Photo de couverture :
© photographie de Michael S. Yamashita/Corbis

ISBN 978-2-246-76651-3

Tous droits de traduction, de reproduction et d'adaptation
réservés pour tous pays.

© *Éditions Grasset & Fasquelle, 2011.*

CHAPITRE 1

Jardin fatal

Le ridicule ne tue pas. Certains l'ignorent encore. À l'hiver 1983, je ne suis pas jardinier en chef mais « adjoint au chef de service », c'est-à-dire que j'ai le privilège incroyable de jouir d'un coin de table en formica dans un bureau poussiéreux. Comme je partage la pièce avec le responsable je suis informé des moindres faits et gestes se déroulant dans le parc du château. Mon bureau est à l'image de ces années-là, « fonctionnel », de mauvais goût, mal fini, tout à l'économie. Le téléphone gris à cadran, qui me martyrise à longueur de journée, retentit en début d'après-midi, alors que je finis un sandwich, ayant préféré la tranquillité au froid qui règne à l'extérieur. Je suis seul. Mon supérieur est sorti, un déjeuner qui ne le ramènera que d'ici deux ou trois heures, car — c'est bien connu — l'élévation dans toute hiérarchie se mesure à la longueur de la pause prandiale.

Vice et Versailles

Un des jardiniers, la voix tremblante, m'annonce qu'un suicide est à craindre juste devant le restaurant de La Flottille. Une femme, dit-il, attablée en terrasse, contemple l'ombre sombre de la pièce d'eau du Grand Canal. Accablée et résignée, elle semble insensible à tout ce qui l'environne, à commencer par le vent glacé qui souffle ce jour-là. À cette époque où il est loisible de fumer dans les restaurants, s'attarder à une terrasse, en plein hiver à Versailles, est le signe d'un désarroi profond, à moins d'avoir un chien, ce qui n'est pas le cas. Il en faut d'ordinaire davantage pour que mes collègues soient si alarmés, mais, en la circonstance, la dame a choisi pour accompagner sa boisson un parpaing, qu'elle a posé sur la chaise en face d'elle.

Alerté, j'enfourche la mobylette 103 qui me sert alors de véhicule de fonction dans les allées du parc et me dirige vers la guinguette. La Flottille n'est pas un endroit où l'on va s'attabler seul, me dis-je en chemin. Le restaurant n'a pas été rénové depuis sa construction en 1895. Vieillot et compassé, il est le rendez-vous familial par excellence, celui où l'on troque le rosbif dominical de belle-maman pour une sole meunière. Les amoureux et les solitaires n'y vont guère, ils préfèrent la solitude, ou la discrétion,

Jardin fatal

des bosquets alentour. Bref, tandis que mon vélomoteur hoquette, je suis un tantinet inquiet. Je ne suis plus du tout rassuré mais tout à fait interloqué lorsque j'aperçois la malheureuse entourée des pompiers du château, devant un parterre de jardiniers, hilares. L'histoire a commencé quelques minutes plus tôt, lorsque la ménagère mélancolique que j'avais laissée au bord du désespoir se juche sur la margelle du Grand Canal et, tenant son parpaing à bout de bras, déclare, du haut d'un piédestal de dix centimètres, que la vie lui est insupportable, qu'il faut en finir et que c'est maintenant et ici qu'elle a décidé de le faire. Les jardiniers n'ont pas même le temps de dire ouf, que « plouf », l'inconsolable s'est jetée... dans un mètre cinquante d'eau, froide il est vrai car nous sommes en hiver. Un pompier la réconforte, l'autre lui bande le pied — elle s'est fait mal dans sa chute —, un troisième réprime un sourire. La stupéfaction passée, la noyée bien vivante est rapidement évacuée et je peux rire, enfin, de ce drôle de drame.

Une autre de ses consœurs aspirante au suicide m'a valu, quelques années plus tard, une peur bleue doublée d'un bon fou rire. L'Orangerie est un lieu que j'affectionne, élégant sans austérité et, ce qui est rare à Versailles, chaleureux. Il

Vice et Versailles

est aussi assez déserté des visiteurs, ce qui en fait, à mon goût, un très bon point de chute pour les amoureux de la tranquillité, qui peuvent même s'autoriser un peu de paresse, car l'édifice est situé au bas des fameux « escaliers des Cent Marches ». Cent marches, c'est haut. Mon métier, ou mon idéalisme naturel, m'a appris à scruter souvent le ciel. En l'occurrence, par ce joli soir d'octobre, je me demandais s'il ne serait pas bientôt temps de remiser les orangers des parterres de Trianon, quand j'aperçois une silhouette sur la balustrade, le bout des souliers déjà dans le vide. Les portables viennent de faire leur apparition si bien que je me précipite pour appeler les pompiers. Elle regarde alors dans ma direction. Le temps devient interminable. J'ai l'impression que si je la quitte des yeux, c'est sûr, elle va sauter. Je n'ose piper mot, craignant même que la sirène de l'ambulance, en rompant le silence, ne l'invite à précipiter sa chute. Tel n'est pas le cas du pompier qui, à peine sorti de son véhicule, la prend vigoureusement à partie. À mon grand étonnement, elle répond. S'ensuit un dialogue digne de Pagnol, à mi-chemin entre le comique et la profondeur. Elle affirme, il objecte. Elle énumère ses griefs, il les repousse un à un. Finalement le pompier philosophe, et psychologue, triomphe

Jardin fatal

de la dépressive raisonneuse qui, à bout d'arguments, accepte de lui prendre les mains. C'est curieux, mais je n'ai jamais assisté au même genre de scène avec un protagoniste masculin : il faut croire que nos visiteuses ont le désespoir ostensible ou un meilleur sens de la mise en scène.

Tous les drames du domaine sont loin d'être aussi drôles ou d'avoir une fin aussi heureuse. Trente ans de carrière me l'ont appris, malheureusement. Je pense à cette promeneuse qui fut mortellement blessée par la chute d'un arbre près du Petit Trianon ou, tout récemment, cette vieille dame tuée par un cygne alors qu'elle venait nourrir les oiseaux qui nichent sur les berges du Grand Canal. Tout Versailles tient dans cette histoire : voilà une mort digne, originale, commise par un animal noble, rappelant les statues mythologiques du jardin avec une note biblique de vengeance céleste, mais qui fut affreuse à voir. Plusieurs fois la menace est venue du ciel, en raison du petit aérodrome qui jouxte le domaine. À quelques reprises les allées ont servi de pistes d'atterrissage forcé. Mes jardiniers parlent encore de la carlingue qu'ils durent retirer d'un bosquet non loin du Grand Canal : elle contenait les cadavres du pilote et de sa passagère.

Personnellement, je n'oublierai jamais la matinée du 27 mai 1992, d'abord parce que

Vice et Versailles

c'est le jour où je fis la connaissance de mon épouse, mais hélas aussi parce qu'auparavant j'avais assisté au spectacle le plus macabre qui soit : de bon matin, alors que j'ai rendez-vous avec une entreprise forestière, je remarque une voiture que je prends pour celle de mon contact. Il n'en est rien : à l'intérieur, un homme me toise froidement, avec le seul œil qui lui reste car l'autre pend sur sa chemise, retenu par un court filament rosacé. Le tableau de bord est recouvert de chair et de sang. Entre les jambes du malheureux, un fusil de chasse suffit à résumer ce qui s'est produit quelques heures avant mon arrivée. La vision d'un mort me paralyse. Il m'est impossible de le toucher, de m'en approcher, voire de le regarder. Le berger qui s'occupe des moutons du parc, lui, n'est pas du genre délicat. Alors que je guette l'arrivée de la police, il se met à fureter autour de la voiture, avise sans émotion particulière l'homme gisant sur le siège avant et me demande le plus sérieusement du monde : « Lui as-tu fait les poches ? » Étonné de mon indignation, il me dit alors et le plus tranquillement du monde que notre inconnu, contrairement à lui, n'a plus besoin de rien.

Je suis un optimiste : j'ai tendance à préférer lorsque la tragédie vire à la comédie, plutôt que l'inverse. Lorsqu'il y a des accidents, je les trouve

Jardin fatal

toujours bêtes, et méchants, et serais plutôt enclin à me moquer, si leurs dénouements n'étaient parfois dramatiques. Je n'ai guère d'appétit pour le sordide, je le trouve indigeste. Le crime pour moi n'existe que dans le secret de mon esprit : en pensée, j'ai déjà tué nombre de mes collègues, j'avoue, j'ai volé mon prochain lorsqu'il était trop riche, commis moult de ces crimes que l'on nomme si bien crapuleux. L'oubli, ou la politique de l'autruche, est le meilleur antidote au malheur. C'est ainsi que, à plus de cinquante ans, j'ai la ferme conviction d'avoir eu une vie heureuse.

Cependant il y a trop de morts dans ce domaine, des fameux et des inconnus, dont la mémoire a été oubliée, comme lorsque de malheureux touristes firent naufrage sur le Grand Canal et que l'un d'eux périt noyé. Je pense surtout à ces hommes et à ces femmes qui ont donné leur vie pour édifier le château, aux employés qui ont succombé pendant les deux guerres mondiales et auxquels pas même une plaque n'est dédiée.

C'est que, au palais des monarques, le drame est roi : assassinats, forfaits en tous genres, règlements de comptes, empoisonnements, attentats, disparitions, duels, vols et complots hantent le domaine. Versailles, c'est la grande boutique

Vice et Versailles

des horreurs. Attention toutefois, l'histoire, dans la demeure de Louis XIV, a le goût du classicisme et de la bonne mesure : pas de chiens écrasés en costume d'époque, mais des machinations, machiavéliques, implacables comme des tragédies grecques, des meurtres, sanglants, atroces, mais qui ne laissent pas de taches, des mystères, épais comme le velours des tentures et qui n'ont jamais été élucidés. Ici, l'abominable a fait dans la dentelle et la mort n'est digne d'être citée que lorsqu'elle est bien née. « Le roi est mort, vive le roi. » Tout est dit dans cette phrase : à Versailles, rien ne meurt, tout continue, c'est le règne éternel du « bon vieux temps ». Si la Faucheuse passe parfois, elle se doit de ne pas rester, car elle n'est pas la bienvenue dans des murs que l'on a voulus éternels. Le palais du Roi-Soleil a aussi une part d'ombre, méconnue : plongeons, en frissonnant, dans son obscurité.

CHAPITRE 2

Qui a peur du loup ?

Il y a quelques années, je me suis amusé à marcher à la nuit tombante de Paris à chez moi, ne m'étant donné pour contrainte que de parcourir le plus de chemin dans les bois. Il s'avère qu'il est presque possible de suivre dans son intégralité la même route que celle que nos ancêtres du XVIIe siècle parcouraient. Eux-mêmes la devaient déjà à leurs prédécesseurs, en l'occurrence les Romains, puisque le sentier est situé sur l'ancienne voie gallo-romaine conduisant de Paris à Dreux. Au XVIIe siècle, Versailles est la première ville-étape en direction de la Normandie et de la Bretagne. Du bois de Boulogne au village, jadis le voyageur, aujourd'hui le promeneur, peuvent traverser des forêts aux noms aussi poétiques que Fausses-Reposes, des Nouettes, les bois de Saint-Martin, ou, et c'est celui que je préfère, le bois du Cerf-Volant. Malgré les routes et l'urbanisation, la région est restée,

Vice et Versailles

pour le plus grand plaisir des marchands d'écotourisme, miraculeusement verte. Me voilà parti pour dix-huit kilomètres, soit quatre heures de marche, tandis que la nuit commence à tomber. La perspective du parc de Saint-Cloud me permet d'adresser un dernier salut à la tour Montparnasse et à Paris. Devant les allées aux lignes géométriques, il est difficile d'imaginer que c'est ici qu'Henri III fut assassiné par le moine Jacques Clément, un jour de guerre de religion plus vif que les autres et moins encore que les ifs à la découpe si parfaite qu'ils semblent faux sont là pour rappeler la place qu'occupait le château, détruit par un coup d'obus lors de la guerre de 1870. De ces morts sanglantes et barbares, il ne reste rien : le jardin dessiné par Le Nôtre est un tombeau classique, où la mort est présente et invisible à la fois.

De grandes grilles en fer forgé séparent le parc de la forêt de Fausses-Reposes. Le nom est plaisant, mais il tire son origine, morbide, de la vénerie : à cause des vallons du site, les cerfs poursuivis se croyaient en sécurité, ne voyant pas la meute qui venait les chasser. Dans ces bois où l'on chassait par nécessité et par plaisir, ils étaient en « faux repos », avant d'en connaître un autre, éternel. Que les cerfs reposent en paix : Fausses-Reposes est leur cimetière. Une

Qui a peur du loup ?

fois les grilles franchies, le décor change complètement, les allées froides et angulaires cèdent la place à un petit sentier humide qui lutte contre le végétal. Chênes et châtaigniers masquent une lumière qui décline, de même que la température, les bruits humains s'éloignent, le silence envahit le chemin, bercé par le craquement de mes pas sur les feuilles et les brindilles. Des bords touffus, viennent les bruissements des animaux qui détalent, des branches qui craquent ou des marrons qui tombent. Tout n'est que chuintements, ombres et frémissements.

J'aime les bois, non parce qu'ils m'apaisent, mais parce qu'ils me font frissonner. Ici, il n'est guère difficile d'imaginer les sentiments qu'éprouvaient les voyageurs du XVIIe siècle : la forêt abolit le temps. Comme moi ils devaient sentir l'odeur humide de la terre, guetter le moindre bruit, se mettre d'instinct aux aguets, sursauter en entendant le cri préhistorique du héron, redouter de se retrouver nez à nez avec un animal sauvage. Je plonge avec délice dans une inquiétante quiétude bordée de hauts arbres. Je suis seul, il fait frais tandis que les derniers rayons du soleil disparaissent en scintillant entre les cimes, je respire, parce que l'air est pur et aussi pour me donner du courage. Je suis seul, si seul que personne ne pourrait me déranger :

Vice et Versailles

c'est délicieux d'être coupé du monde. Je suis seul, si seul que s'il m'arrivait quoi que ce soit, nul ne viendrait à mon secours. Je suis seul, si seul que je ne pourrais pas même téléphoner car je m'aperçois que le portable ne passe pas. Je suis seul, si seul que je m'estime bienheureux de ne pas être une promeneuse, d'autant que j'entends un bruit dans les fourrés. Je suis seul, seul avec l'obscurité envahissante et les ombres qui s'allongent. Croyez-moi, lorsqu'on est jardinier, on aime la solitude et pourtant j'en viens à considérer les joggeuses, toutes ces Artémis en baskets que j'ai croisées tout à l'heure et qui poursuivent leur course avec pour seule escorte leur iPod, comme des héroïnes ou des inconscientes. Plus je marche, plus les bruits se multiplient, moins je parviens à les identifier et plus l'angoisse augmente : un oiseau dans les cimes, le vent dans les arbres, des grognements d'animaux qui là, tout près, se font peut-être égorger par l'un de leur compère ou par un braconnier, le bourdonnement d'un insecte, une branche qui crépite, mon cœur qui bat.

Bien sûr, je me rassure, en pensant que les voyageurs du XVIIIe avaient les mêmes angoisses, et moins de lumières, à tous les sens du terme ! Si je profite des éclairages des villes avoisinantes, les malheureux marcheurs, à moins d'être nycta-

Qui a peur du loup ?

lopes, étaient quant à eux, une fois le jour tombé, dans la nuit la plus épaisse. Si à Paris, la capitale, la Ville-Lumière, on comptait 6 400 lanternes vers 1750, il n'était alors pas question d'éclairer les routes de province. La future ville du Roi-Soleil est le domaine de l'obscurité, secondée par l'obscurantisme, car les stupides superstitions propres au temps n'épargnent pas la région. Il faut dire que la forêt qui conduit à Versailles est plus riche en bestioles menaçantes qu'en nymphes rieuses, à commencer par les chats-huants, de simples chouettes hulottes, mais dont on dit qu'elles sont les animaux du diable. D'ailleurs, à cette époque, le diable est partout, et particulièrement dans les bois conduisant à Versailles. Les marais rendent nombreux les crapauds, dont l'honnête *Dictionnaire de Trévoux* nous apprend que le sang est mortel et que cet « animal infect et venimeux répand son venin en bavant et pissant dans l'herbe », ou les sangsues dégoûtantes, collectées pour faire des saignées. Batraciens, miasmes et marécages du site font le lit non seulement des fièvres, mais aussi des sorcières de tout crin. Les apprenties Carabosse y déambulent, doctement munies du *Petit Albert*. Il s'agit d'un grimoire dit « de magie », peut-être inspiré par les écrits de saint Albert le Grand qui recommande les recettes à base de cendres de peau de

Vice et Versailles

crapaud bouillie, fumée ou séchée. Les Mélusine confirmées sont à la recherche de quelque hellébore fétide, autrement nommé pied-de-griffon, rose-de-serpent, patte-d'ours ou encore mords-cheval : tout un programme qui mène celui qui consomme ses racines à une nuit éternelle car la sève de la plante contient deux alcaloïdes venimeux. L'hellébore est difficile à trouver dans ces bois, mais il y a plus simple, et plus expéditif : l'if est toxique des pieds à la tête, de même que le joli muguet. Quant à la digitale, elle expédie *ad patres* les cœurs les plus solides : fleurs et couronnes sont servies en un même bouquet. C'est à Versailles que les « sorcières » viennent faire leur marché : pour elles aussi le bourg est un passage obligé. Elles prospèrent, de même qu'autour du Louvre : à croire que les résidences royales attirent les faiseurs de maléfices ! Richelieu et Colbert s'en inquiètent. Heureusement la justice est là pour punir les démons. Pour leur ôter l'envie de persévérer une juridiction spéciale est mise en place, à base de chaise à clous, d'élongation, de garrots, d'immersion, de fers brûlants, de rouleaux à épines, de plomb fondu et d'eau bouillante et j'en passe. Si plus de 50 000 sorcières furent exécutées, certaines ont survécu : parfois je me dis que quelques bourgeoises versaillaises en sont les descendantes.

Qui a peur du loup ?

Les philtres versaillais ne sont plus mortels de nos jours : les fils de famille en mal de rébellion viennent trouver du datura, un puissant hallucinogène. Souvenons-nous aussi que la prairie qui borde l'allée conduisant à Trianon, si bien nommée la plaine aux crapauds, était, jusqu'aux années 1990 le repère des apprentis herboristes et amateurs de paradis artificiels. La rumeur prétendait qu'au pied du château poussaient des champignons hallucinogènes. Aujourd'hui ce sont des moutons qui y paissent en paix, la pupille dilatée.

Les voyageurs de 1600 redoutaient encore les loups, qui, il est vrai, ont habité les bois versaillais jusqu'à la fin du XVIIIe siècle. Les plus superstitieux redoutent les loups-garous, dont Furetière nous explique qu'ils hantent encore l'esprit du « peuple stupide » et de tous ceux dont « le cerveau tendre » a été malmené par une nourrice perverse. Quelle fut leur dernière victime ? En passant non loin des « sauts du loup », ces fossés profonds qui ceignent le parc de Versailles, nommés ainsi car la bête n'obtenait son salut que si elle parvenait à les franchir, je ne peux m'empêcher de frémir.

En chemin, il n'y avait pas que les animaux à craindre : malandrins, coupe-jarrets, vide-goussets et autres aigrefins y avaient établi leurs quartiers.

Vice et Versailles

Depuis la défaite de Pavie en 1526, les mercenaires italiens et corses, commandés par le comte de Bellejoyeuse, font régner la terreur dans la région. Les Cartouche d'alors n'ont rien de héros des humbles : pour les commerçants et les voyageurs, c'est « la bourse ou la vie » à chaque carrefour. Bref, dès le XVIe, Versailles c'est le 9-3, en pire : vols, viols, pendaisons, rançons et tortures sont monnaie courante jusqu'à ce que le 21 juin 1595 la cour du Parlement de Paris ordonne que le peuple se lève et prenne les armes pour lutter contre les brigands regroupés à Versailles et à Triante, l'ancien nom du village de Trianon. Les textes évoquent un millier d'hommes, dont six cents arquebusiers à cheval, accompagnés, comme il est si galamment écrit dans le rapport de police, de leurs « trois cents garces ». Arrêtés, les bandits connaissent les délices des supplices d'antan, faits de tenaillements « aux mamelles, bras, cuisses et gras des jambes » sur lesquels sont jetés « du plomb fondu, de l'huile bouillante, de la poix, de la résine brûlante, de la cire et du soufre fondus ensemble » et, si ce n'est pas assez, leurs mains criminelles sont tranchées, leurs corps écartelés et tirés par des chevaux, puis « consommés au feu, réduits en cendre et jetés au vent ». Par comparaison la loi du talion est une invitation à la douceur !

Qui a peur du loup ?

Les autochtones ne valent guère mieux que les locataires des bois. Les quelques documents d'époque sont édifiants : l'un assassine son locataire qui ne veut pas payer, tel autre viole une servante, tout le monde se bat sans raison. Un exemple des mœurs versaillaises ? La patronne de l'auberge du Cygne se plaint du comportement d'une Jehanne Toustain, la femme du manœuvrier Claude Maton : elle la bastonne et demande à son époux de faire de même. Le mari soumis s'exécute. Finalement, tout ce beau monde se réconcilie sur le dos d'un marchand logé à l'hôtel, François Lerouge, qui reçoit, en plus de sa note, une volée de coups. Le tout sans que le bailli ait à se montrer : la justice d'alors est bien faite, c'est-à-dire qu'elle n'intervient pas. D'autres établissements ne tardent pas à ouvrir dont la seule conséquence semble d'attirer, en plus des truands, des soiffards dans la ville.

À côté des auberges borgnes où il vaut mieux dormir les mains sur la bourse et avec un couteau sous l'oreiller, on raconte que Jean-François de Gondi, le premier propriétaire de Versailles, archevêque de son état, a fait assassiner Martial de Loménie, grand argentier du roi. Son tort ? Il ne voulait pas vendre ses terres à son éminence. Ce dernier eut pour ce faire une aide de poids : une pauvre vieille dame trop fortunée qui n'était autre que la reine Catherine de Médicis, et qui fit passer de vie à trépas toute la famille Loménie lors des troubles qui ont suivi la nuit de la Saint-Barthélemy. C'est ainsi que Gondi obtint les terres qu'il convoitait. À plus de cinquante ans, une vieillarde pour l'époque, la grande Catherine était sans doute sous l'influence du bel ecclésiastique.

À Versailles foin de places agréables, de fermes tranquilles et de marchés aux bœufs idylliques, symboles de la douce France comme voudraient le laisser croire les gravures représentant la région avant la construction du château : la route qui conduit de Paris au bourg est un boulevard du crime, dont les maîtres ne sont pas des rois mais les caïds d'antan, les sorcières et les fièvres.

CHAPITRE 3

« Martyr, c'est pourrir un peu »

La vie de château a quelques désagréments : mourir en fait partie, lorsqu'on est de sang royal. Aussi, lorsque par un frais matin du mois de mai 1643, les médecins se résignent à laisser agir le Très Haut, Louis XIII est-il conduit au château de Saint-Germain-en-Laye, modeste demeure Renaissance de 60 hectares, avec parc et tourelles. Un roi a des privilèges, et des obligations : il doit naître et succomber au palais, en grande pompe et si possible avec grâce. Pourtant, la mort se moque du protocole et de l'étiquette. Elle serait même plutôt taquine quand il s'agit d'assassiner les princes. Prenez le bon Charles VII : il redoute tant l'empoisonnement qu'il se laisse mourir de faim, Henri III quant à lui succombe sur sa chaise percée victime d'un moine fanatique. Les morts des souverains n'ont souvent rien de royal. Parfois les monarques ont la fin qu'ils méritent : Charles IX supporte si

Vice et Versailles

mal les massacres dont il est le témoin et parfois la cause qu'il est emporté par des fièvres peu appétissantes accompagnées d'étranges suées de sang. D'autres sont punis par où ils ont péché : Henri II, grand jouteur, succombe à un coup de lance qui a atteint son cerveau, en traversant l'œil. La camarde doit parfois faire preuve de ruse pour s'emparer de sa royale victime. Si Louis XV est perclus de vices, il a quand même quelques vertus, dont la prudence. Il sait que ses fredaines pourraient lui attirer, avant les foudres divines, bien des maux disgracieux et que la moindre chaude-pisse peut s'avérer un avant-goût de l'Enfer. C'est ainsi qu'un de ses serviteurs, Lebel, est spécialement mandé pour « goûter » les jeunes femmes que le souverain souhaite séduire, ou consommer. Si, au bout de quinze jours, le valet ne présente pas de symptôme, c'est que la chair était fraîche et que le monarque peut s'en régaler. Le système est remarquable, mais il ne suffit pas à tromper la mort. Un beau jour de printemps, la chasse royale passe par un village en émoi : aujourd'hui on enterre une toute jeune fille, presque une fillette ; chacun est un peu triste, même si, à cette époque, la situation est fréquente. Louis XV ne l'est pas, mais il est fasciné. Il s'arrête pour contempler la fosse et le

« Martyr, c'est pourrir...

cadavre, naguère juvénile, qui déjà s'y décompose. Il hume et attrape la mort, comme un rhume, aussi bêtement que sûrement. Dix jours plus tard, les premiers signes ont fait leur apparition. En quelques semaines, ce roi qui passait pour beau est devenu une charogne repoussante, empestée, purulente, boutonneuse et suintante que même ses médecins ont peur d'approcher, par crainte de la contagion. Ils refusent d'embaumer la dépouille pestilentielle qui, en guise d'eau bénite, est aspergée d'esprit-de-vin qui sert alors de désinfectant. Ils n'ont pas tort : les malheureux serviteurs qui mettent le cercueil en terre périssent quelque temps après. C'est le seul cas où la dépouille d'un roi ne sera pas embaumée.

Certains sont malchanceux avec la mort, mais vengés par la postérité. Louis IX construit des hôpitaux, soigne les lépreux et meurt de la peste : qui trop embrasse mal s'éteint ! Quelques années plus tard, il est canonisé : voilà une clémence qui n'est guère à mon goût car Saint Louis était en réalité un dangereux fanatique. N'a-t-il pas protégé Robert le Bougre, un inquisiteur dominicain et pyromane, qui fit brûler en une seule fois 1 183 sorcières ? Pour son aide le monarque est canonisé, il est même le seul à l'avoir été, laissant à la postérité l'image d'un

Vice et Versailles

saint rendant la justice sous un chêne. Les morts que je trouve les plus drôles ? Charles II le Chauve est empoisonné par son propre médecin, Lothaire qui succombe, à son tour, empoisonné par sa femme Emma, la fille du roi d'Italie. Tout le monde n'a pas la chance de mourir comme Henri IV, poignardé, proprement et rapidement.

La fin réservée à Louis XIII est particulièrement cruelle. L'agonie est interminable : depuis 1630 et un voyage à Lyon fatidique, le roi se meurt. Je n'ai guère eu le loisir d'étudier les lettres à l'école, j'étais même plutôt distrait quand il s'agissait de Corneille ou de Camus, mais je ris encore lorsque je repense à la professeur de français qui aurait pu être jolie si elle n'avait pas préféré, les lèvres pincées et le regard de glace derrière ses lunettes, se dessécher à nous enseigner d'une voix monocorde le fameux « martyr, c'est pourrir un peu » de Jacques Prévert. La mort aime-t-elle les jeux de mots ? Louis XIII souffre le martyre, depuis dix ans, et il pourrit sur place.

Depuis des semaines, les médecins s'activent autour du moribond : saignées, clystères, émétiques, le pauvre roi a droit à tout l'arsenal des sévices médicaux de l'époque. Il faut dire que le corps royal a beau être divin, il n'est pas beau

« Martyr, c'est pourrir...

à voir. Les médecins ont diagnostiqué « un immense abcès dans le mésentère, suivi d'une diarrhée sérieuse, bilieuse, sanieuse, et d'une incessante excrétion de pus par le fondement, compliquée d'un vomissement de matières alimentaires ou de pus ». Je comprends que le corps ait été porté loin de Paris : cela aurait mis un sacré coup à la dignité royale que de la voir incarnée de la sorte. Certaines pudeurs sont salvatrices. Mieux vaut laisser croire au bon peuple que la mort de son roi, le 14 mai, à la même date que l'assassinat d'Henri IV, trente-trois ans plus tôt, est une coïncidence troublante : des rumeurs courent, certaines faisant allusion à un possible meurtre. Certes, c'est plus digne que de se liquéfier dans son lit.

J'ai mené mon enquête et je peux à présent l'affirmer : Louis XIII a bel et bien été assassiné, par ses docteurs. Alors que le monarque souffrait probablement de la maladie de Crohn, une inflammation chronique du système digestif entraînant des hémorragies, Bouvard, son médecin, n'a pas trouvé mieux que de saigner son royal patient près de trente-quatre fois en deux ans, de le purger et de pratiquer de nombreux lavements qui ne font qu'aggraver l'état de santé du souverain souffreteux. À moins que Bouvard n'ait aidé l'égrotant à se débarrasser d'une mort qui de toute façon n'aurait pas été belle ? En tout cas, le médecin a poussé son malade dans la tombe. Qui sait ? L'euthanasie a peut-être été admise par le corps médical beaucoup plus tôt qu'on ne le croit.

Revenons au 14 mai 1643 : alors que la France se demande comment ne pas perdre la guerre de Trente Ans, qui fait rage depuis 1618, le pays s'apprête à perdre son roi. Pas pour longtemps. Tandis que Louis XIII se décompose, Louis XIV et surtout sa mère, car le monarque n'a que cinq ans, sont prêts. La dynastie des Bourbons a des allures de film fantastique. Les Bourbons, c'est l'« armée des clones » : lorsque l'un est en terre, un nouveau est déjà en marche vers le trône. Point besoin, dans ces conditions, de prendre des pincettes avec le défunt prédécesseur. Corneille ne s'en prive pas, distillant du fiel en alexandrins :

> *Sous ce marbre repose un monarque sans vice*
> *Dont la seule bonté déplut aux bons François,*
> *Et qui pour tout péché ne fit qu'un mauvais choix*
> *Dont il fut trop longtemps innocemment complice*
>
> *L'ambition, l'orgueil, l'audace, l'avarice,*
> *Saisis de son pouvoir nous donnèrent des lois ;*
> *Et bien qu'il fût en soi le plus juste des rois,*
> *Son règne fut pourtant celui de l'injustice.*

« Martyr, c'est pourrir...

Vainqueur de toutes parts, esclave dans sa cour,
Son tyran et le nôtre à peine perd le jour,
Que jusque dans la tombe il le force à le suivre.

Jamais de tels malheurs furent-ils entendus ?
Après trente-trois ans sur le trône perdus,
Commençant à régner, il a cessé de vivre.

Voilà une épitaphe au vitriol ! Je ne la souhaiterais pas même à un ennemi ! Certes, elle vise en premier lieu un autre défunt, Richelieu, mort quelques mois à peine avant Louis XIII, mais elle donne un portrait guère amène du souverain. Aucun journaliste, aucun politique contemporain n'oserait être aussi féroce ! Même au moment de la mort de Mitterrand, dont la postérité a été couverte de boue avant que le corps ne soit recouvert de terre, personne n'eut de mots aussi durs.

La religion d'alors n'était pas plus clémente : à l'époque, finir comme engrais dans un cimetière est un privilège. Comédiens, prostituées, sorcières mais aussi certains artisans et commerçants, sont jugés indignes du silence d'un tombeau. Sans compter les promesses terribles de l'Au-delà : les excommuniés, les pécheurs, les adultères ont droit aux flammes de l'Enfer. Dieu n'est pas tendre sous les rois, même avec les

Vice et Versailles

faibles. Les pauvres nourrissons qui n'ont pas été baptisés échouent dans les limbes, avec les marins morts en mer.

Le roi de France et de Navarre par la grâce de Dieu aurait à ce propos quelques soucis à se faire. D'aucuns affirment que ce triste monarque, dont le trait de caractère le plus saillant est l'ennui, ne s'amuse qu'entouré de beaux garçons : seul l'inverti le divertit. Qui plus est, le bon roi ne sait pas se faire respecter. En ce siècle frondeur, on peut presque tout dire sur lui, pourvu que l'on reste hypocrite. Face à lui, on s'incline, on baisse la tête pour dissimuler un sourire, dans son dos, on murmure, on jase, on médit, on chuchote, assez bas pour que le souverain ne l'entende pas, mais assez haut pour que la rumeur se répande : Louis XIII est une « tapiole », comme on dit alors. Pas un de ses serviteurs qui ne soit là pour assouvir la malencontreuse passion du fils d'Henri IV. Baradat, Claude de Rouvroy, le père de Saint-Simon, écuyers, tous appartiennent au « beau vice », à commencer par Luynes, grand maître fauconnier : l'aristocrate aurait appris au souverain bien des manières de s'occuper de son oiseau. On parle de clique et de nominations honteuses, comme celle, quelques années auparavant, du duc d'Épernon, « sodomite notoire » et qui res-

« Martyr, c'est pourrir...

tera gouverneur de Metz pendant plus de cinquante et un ans. Chacun se plaît aux ragots et aux indiscrétions, révèle ou insinue, ce qui peut être pire. Même le vieux Boisrobert, prêtre de son état et auguste fondateur de l'Académie française, passe pour s'être « fait mettre deux fois dans le cul par un beau laquais ». Bien évidemment, le rendez-vous de chasse que le roi s'est fait construire à Versailles a la réputation d'être un claque où se retrouvent les amateurs non de biches mais de beaux garçons. Il ne fait pas bon à cette époque être homosexuel, même si la pratique est souvent évoquée avec humour. Il en va de même au règne suivant. Madame de La Vallière l'affirme dans un courrier adressé à sa fille et daté du 16 octobre 1676 : « Je hais toujours que les hommes aient mal au derrière. »

De tous ces médisants, le plus célèbre, en tout cas le plus drôle, est sans doute Tallemant des Réaux, qui, dans ses *Historiettes*, s'amuse avec verdeur des travers du roi. Louis XIII y est décrit comme jaloux, souffreteux, ennuyant autant qu'ennuyeux et surtout entouré d'homosexuels. À défaut de pouvoir tirer sur le roi, le chroniqueur vise son entourage : qu'importe, le souverain est touché. Et, quand Tallemant, vieux français oblige, écrit que Louis XIII était d'un naturel « assez gay », on ne peut que sourire.

Vice et Versailles

Sans le vouloir l'écrivain vient d'inventer la presse *people*, version *trash*.

L'histoire la plus fameuse est sans doute celle de Cinq-Mars. Le pétulant marquis de vingt-deux ans est introduit par des âmes bien intentionnées auprès du roi, avec pour mission de redonner un peu de joie de vivre à un souverain mélancolique et malade qui, à quarante ans, sent déjà la mort sur ses épaules. Malheureusement le jeune homme a des ambitions aussi grandes que ses longs cils. Comblé d'honneurs, il se pique de vouloir épouser la princesse de Mantoue, d'un rang bien plus élevé que le sien. Richelieu s'y oppose et le garçon, mortifié, entre dans une conjuration contre le cardinal. Avec Gaston d'Orléans, la reine et le duc de Bouillon, Cinq-Mars rédige un projet de traité avec le roi d'Espagne, en guerre contre la France depuis 1635. En échange de son appui, les comploteurs s'engagent à lui restituer toutes les villes conquises et à lui offrir la victoire, avec en prime la tête de Richelieu. C'est louche et, pour couper court, si l'on peut dire, aux rumeurs, Louis XIII est convaincu par Richelieu de faire décapiter le bel éphèbe, quelques mois avant sa propre mort : péché avoué à moitié pardonné, lui aura peut-être dit le père Dinet, son confesseur. Espérons-le car le sort réservé aux homosexuels passés de vie à

« Martyr, c'est pourrir...

trépas est pire que la mort : pour les sodomites, comme on les appelle, le repos éternel rime avec le châtiment perpétuel. Ils ont droit aux enfers, aux flammes et à tout le tremblement : ils ont échappé au bûcher ici-bas mais un autre les attend plus loin. Si la mort ne prête pas garde au sang, les bourreaux sont plus respectueux : lorsque le jeune Cinq-Mars, ainsi que ses acolytes, sont conduits place des Terreaux, à Lyon, pour y subir le châtiment final, en public, ils sont transportés en carrosse, noblesse oblige.

Toutefois, à défaut d'une mort digne, on peut rêver d'une mort noble. Quand on est bien né, cette période de troubles et de fièvres laisse quelque espoir de bien mourir. Il suffit de dire « En garde ! » pour voir la camarde pointer son nez troué : si l'on ne se fait pas tuer pour avoir frondé, on peut accélérer le processus en se battant en duel, comme l'atteste la multiplication des interdictions. 1599, 1602, 1613, 1617, 1623, les édits se succèdent, rien n'y fait. Il faut attendre Richelieu pour que les ardeurs de combat s'apaisent. Le cardinal a en effet une idée de génie : punir le duel par la mort. Pour les bretteurs acharnés cela ne change pas grand-chose : au combat ou sur la place publique, il s'agit bien de mourir en scène. La sanction la plus spectaculaire a lieu le 21 juin 1627, lorsque François de

Vice et Versailles

Montmorency-Bouteville, « qui s'était pris la fantaisie de se battre en plein jour place Royale avec un certain François d'Harcourt », est décapité. Si les deux hommes n'ont pas fait couler leur sang, c'est Montmorency qui gagne : Harcourt, le lâche, s'est enfui en Angleterre.

À l'époque des mousquetaires, on ne meurt pas pour des idées, mais pour l'honneur, l'épée à la main. Certaines dames participent au combat. Comme les armes, avec l'introduction de l'escrime de pointe par les maîtres italiens, sont devenues plus légères, les femmes peuvent elles aussi régler leurs différends à l'arme blanche, au nez et à la fine moustache du roi, qui plus est. Informé de ces duels de jupons, Louis XIII, bon prince et lui-même assez piètre lorsqu'il s'agissait de croiser le fer, aurait rétorqué en riant qu'« il n'en avait fait défense que pour les hommes ».

Il faut dire que les femmes ne manquent pas de caractère à la cour du roi Louis XIII : entre Marguerite de Valois, démariée d'Henri IV, ligueuse et empoisonneuse, qui lui servit de mère à son retour d'exil, sa sœur Christine de Suède écartée du trône à cause de ses mœurs et Anne-Louise d'Orléans, qui plus tard, lors de la Fronde, fera tirer les canons de la Bastille sur les troupes royales, le monarque est entouré de

« Martyr, c'est pourrir...

drôles de dames. À la même époque, Madame de Saint-Balmont, dévote, poète et maniant fort bien l'épée, se bat en duel à plusieurs reprises contre des hommes. Plus tard, les chroniques du temps du Roi-Soleil signalent encore le duel à l'épée d'Henriette de Molière contre une rivale en amour. Les comédiennes Beaupré et Christine des Urlis, du Théâtre Royal, règlent un différend amoureux en coulisses, et les armes ne sont pas de carton-pâte : une des deux femmes est blessée au cou.

Revenons à Louis XIII. Lorsqu'il s'éteint à Saint-Germain, il n'a qu'un souhait, avoir des funérailles modestes. Cette dernière dignité lui est refusée. Le pays est en deuil et tant pis si Sa Majesté coule comme un camembert, qui pourtant n'existe pas encore, il lui faut mourir en public. Plusieurs dizaines d'officiels sont là lorsque le roi d'armes s'écrie : « Hérauts d'armes de France, venez faire vos offices. »

Alors commence l'énumération des pièces d'honneur posées sur le cercueil : l'enseigne des cent-suisses de la garde, des cent-archers de la garde, éperons, gantelets, l'écu, la cotte d'armes, le heaume timbré, le panon, l'épée royale, la bannière de France, la main de justice, le sceptre royal, la couronne royale accompagnent le monarque dans son dernier voyage. À tous ces attributs, il faudrait ajouter les bandages et les clystères, mais, allez savoir, ils ne figurent pas au catalogue des armes royales. Lorsque les évêques de Lisieux et de Meaux ferment les yeux du défunt, sont présents la régente, Anne d'Autriche et tous les grands du royaume. Le futur Louis XIV est absent. Il respecte en cela l'étiquette, interdisant à l'héritier du trône une proximité avec un corps susceptible d'être porteur de maladies contagieuses. Trois semaines auparavant, le jeune prince avait rendu une dernière visite à son père qui, dans un sursaut, lui avait demandé son nom. Le garçon d'à peine cinq ans avait alors répondu : « Louis XIV, mon papa. » Le vieux roi ne put s'empêcher de sourire malgré la douleur qui lui tenaillait le corps et répondit en regardant droit dans les yeux son héritier : « Pas encore, mon fils, pas encore. » Il se trompait.

Les funérailles sont célébrées à l'oratoire du Louvre puis le corps est enterré à la basilique de Saint-Denis. Clap de fin : la dépouille de Louis XIII gît en terre, dépenaillée car les mœurs du temps veulent qu'un roi soit vidé comme une volaille avant d'être mis au tombeau : de son corps embaumé ont été retirées ses entrailles, serrées dans un coffre de plomb, tandis que son cœur est offert à la Compagnie de Jésus. Le

« Martyr, c'est pourrir...

corps du roi ne lui appartient déjà plus. Louis XIII devient le Juste, pour le peuple et la postérité.

Le roi aurait sans doute préféré s'éteindre simplement, entendant dans la forêt toute proche le cri du héron qu'il partait chasser avec son père, dans le petit rendez-vous de chasse qu'il avait fait bâtir, ce petit édifice de brique rose, qui n'a pas 300 mètres de façade, et dont d'aucuns se moquent en le comparant à un « château de cartes », Versailles.

CHAPITRE 4

« Un favori sans mérite »

Louis XIII se meurt, la France agonise, depuis longtemps. La faim, le froid, les fièvres règnent sur le pays et ce depuis plus d'un siècle : jamais dynastie ne fut aussi cruelle ni aussi meurtrière. 1530, 1543, 1564, 1570, 1594, 1607, 1615, 1655, ces années ne nous disent parfois plus rien, elles marquent cependant la mort de milliers de gens, victimes du climat. L'hiver n'a pas encore été fait général et pourtant il décime : rien que de 1692 à 1694, la population de la France baisse d'un million et demi d'habitants sur les 18 millions qui peuplent le pays.

Le royaume, comme le reste de l'Europe, est entré dans ce que les météorologues nomment la « petite ère glaciaire ». Je n'aime guère les euphémismes — ils portent toujours en eux le mépris —, surtout lorsqu'ils masquent la douleur. La « petite ère glaciaire », c'est comme la « guerre en dentelles », une manière stylée

« Un favori sans mérite »

quoique de mauvais goût de signaler que l'on meurt de froid, par rafales et pour longtemps. Durant tout le siècle se succèdent les « grands hivers ». De la mi-décembre 1607 jusqu'à la mi-mars 1608 un froid terrible s'abat sur toute l'Europe septentrionale et occidentale. Le Rhin est pris par les glaces depuis son embouchure jusqu'à Cologne. À Paris, le 10 janvier, le vin gèle dans le calice de l'église Saint-André-des-Arts. Certains y voient un miracle, Pierre de L'Estoile raconte qu'« il fallut aller chercher un réchaud pour le faire fondre ». Tous les fidèles sont pétrifiés, de froid plus que de dévotion.

Si le peuple, particulièrement les femmes et les enfants, est le premier touché, le mauvais temps n'épargne personne. En 1616, au retour de son mariage à Bordeaux, le roi est en chemin pour Paris avec sa nouvelle épouse. Il est accompagné des 3 000 hommes du régiment des gardes : près de 1 000 périssent au cours du voyage. La cour quant à elle est obligée de s'arrêter à Tours, car, comme le rapporte le *Mercure français*, « le froid fit mourir tant de valets et serviteurs des princes et seigneurs qu'ils furent contraints, étant à Tours, de faire maison neuve ». Des historiens précisent qu'en certains lieux de la Sarthe, l'épaisseur de la couche de neige atteignait la hauteur d'un homme. En

Vice et Versailles

1616, la Seine se transforme en patinoire pendant tout un mois, *idem* en 1677. J'habite la région parisienne depuis mon enfance, jamais je n'ai eu le loisir de faire du patin à glace sous le pont des Arts !

Le nouveau siècle n'est pas plus clément : 1709 reste l'hiver le plus rude depuis 1500 et jusqu'à aujourd'hui. Le froid s'immisce partout, il se faufile sous les plinthes des portes des palais comme des chaumières, il lèche le corps de la marquise comme celui de sa servante. Sous les draps de soie ou de velours comme dans les paillasses à même le sol, les Français grelottent. En février 1764, Madame de Pompadour prend froid. La favorite succombe, deux mois plus tard, victime d'une pneumonie foudroyante.

Il est vrai que Versailles est particulièrement mal loti : avant l'introduction du poêle de faïence, les cheminées, mal conçues, ne parviennent pas à chauffer les appartements royaux. Les domestiques de Louis XIV indiquent que le « vin du roi gelait dans les carafes » et que celui-ci « l'exposait à la chaleur des flammes pour en boire ». Le site, qui plus est, semble jouir d'un climat remarquablement défavorable. Madame de Sévigné s'en plaint : « Il y [à Paris] faisait un temps humain, au lieu, qu'à Versailles, je n'ai pas été un moment sans quelque incommodité,

« Un favori sans mérite »

et il y faisait un froid excessif ; j'en fus saisie au point qu'il m'ôta la respiration, et que je demeurai comme la sœur de Don Bertrand à la porte de la princesse. Voilà ma grande aventure dans ce voyage. » Bref, à la cour, la noblesse se gèle sous les hautes fenêtres de la galerie des Glaces. Les plus serviles en font même des poèmes. Une certaine Mademoiselle D.S.A. se pique de poésie. Si elle s'extasie sur ce « Versailles délicieux » propre à durer « cent ans », elle offre une description bien sentie de l'hiver au palais du Roi-Soleil :

> *En passant il flétrit le bois qui l'environne,*
> *Partout où vont ses pas, la nature frissonne,*
> *Les vents autour de lui diversement épars,*
> *D'un froid menaçant précèdent ses regards.*

Plus tard, Lully mettra dans la bouche d'Io exilée en terres septentrionales l'horreur des morsures de l'hiver :

> *L'hiver qui nous tourmente*
> *S'obstine à nous geler.*
> *Nous ne saurions parler*
> *Qu'avec une voix tremblante.*

Et, lorsque l'audience frissonne, c'est autant de froid que de plaisir.

Vice et Versailles

Le temps ne fait rien à l'affaire : le siècle des Lumières s'est ouvert sur un horizon de brume. 1709 est appelé dans les manuels d'histoire « le grand hiver ». Le 6 janvier une vague de froid s'abat sur le pays. Pendant trois semaines le thermomètre n'en finit plus de descendre. Il fait − 25° à Paris lorsque la princesse Palatine écrit : « De mémoire d'homme, il n'a fait aussi froid ; on n'a pas souvenance d'un pareil hiver. Depuis quinze jours on entend parler tous les matins de gens qu'on a trouvés morts de froid ; on trouve dans les champs les perdrix gelées. Tous les spectacles ont cessé ainsi que les procès : les présidents ni les conseillers ne peuvent siéger dans leurs chambres à cause du froid. » Née à Heidelberg, princesse de Bavière et dotée d'un embonpoint apte à isoler des courants d'air, la femme du duc d'Orléans n'est pas d'un tempérament à avoir froid aux yeux. La princesse a pourtant plus d'un stratagème pour rester au chaud puisqu'elle donne son nom à une pièce de fourrure que les élégantes portent autour du cou pour combattre les frimas, la palatine. Elle déplore cependant plus de 24 000 morts entre janvier et février et, pour l'anecdote, d'avoir à se rendre à Versailles... en traîneau ! Au château, de gré ou de force, il s'agit de se montrer économe : Louis XIV vend pour 400 000 francs

« Un favori sans mérite »

de vaisselle d'or et la cour doit se contenter de pain d'avoine, à commencer par Madame de Maintenon chargée de donner l'exemple. Le sud du royaume n'est pas mieux loti : Michel Lalande, curé d'une paisible paroisse de l'Hérault actuel, Siran, note dans son journal : « On dit qu'il y eut des hommes voyageant à cheval si saisis de froid qu'après y être morts, les chevaux les portaient tout glacés, comme une pièce de bois, dans les villes où ils allaient. » D'autres racontent que les paysans affamés s'attaquent aux convois de blé et aux boulangeries. L'astre du Roi-Soleil est un astre d'hiver, pâle, faible et glacé.

Les dérèglements climatiques, avec leur cortège de plaies et d'inquiétudes, ne datent pas d'hier, ils prennent de nos jours d'autres noms : nous parlons pollution et développement durable, nos ancêtres malédiction. Comme aujourd'hui, l'économie est bouleversée : impossible de labourer, la terre est gelée, impossible de semer, il est déjà trop tard. La rigueur du climat rend les récoltes aléatoires. Les paysans sèment à la main, ce qui prend un temps considérable, quand la pluie ne vient pas interrompre les semailles : si le travail n'est pas terminé avec l'arrivée de l'hiver, c'est la famine assurée d'autant que les rares semis sont exposés aux rongeurs et à la

Vice et Versailles

maladie. Durant les années de disette, le rendement, qui atteint péniblement une moyenne de cinq grains récoltés pour un grain semé, peut tomber jusqu'à trois pour un.

Aux maigres revenus s'ajoutent encore les impôts. La taille, la gabelle, la dîme : de jolis mots à nos oreilles, surannés, chantants, des synonymes de misère à l'époque.

Et cela n'est pas nouveau : Thomas Murner écrivait déjà dans les années 1500 : « Une poule a-t-elle pondu un œuf, le seigneur en prend le jaune, sa dame le blanc et au paysan ne reste que la coquille. » Une fois déduits de la récolte leur montant et la réserve nécessaire à l'ensemencement de la saison suivante, il reste à peine de quoi nourrir une famille.

Et à quoi se mesure ce qu'on appelle famine ? À 700 grammes de pain quotidien trempé dans une soupe de légume si claire que l'on voit le fond de la crémaillère. Et jamais, quasiment, de viande ou de laitage. Dans ces conditions, les rares propriétaires rechignent à employer d'autres personnes que les membres de la fratrie. C'est ainsi qu'à la faim, au froid, s'ajoute le chômage : l'engrenage est impeccable, autrement dit infernal.

Les paysans les plus pauvres sont contraints d'envoyer leurs enfants mendier dans les villes :

« Un favori sans mérite »

le Petit Poucet est né, d'une réalité bien triste. Une fois l'enfant vendu, il ne reste pas d'autre solution que de devenir soi-même brigand, ou, pour les plus chanceux, soldat, en espérant ne pas mourir à la guerre. Les affamés partent chercher l'espoir dans les villes. Celles-ci se peuplent de pauvres hères, de truands, de voyous : le problème de l'insécurité urbaine fait son apparition. À Paris, Mazarin promulgue en 1656 un édit de grand renfermement, confirmé quelques années plus tard par Colbert. Tous les démunis de la capitale sont de gré ou de force internés à l'hôpital général, réparti en trois établissements, la Salpêtrière, Bicêtre et la Pitié complétés plus tard par l'hospice des Enfants-Trouvés. Si leur régime est plus proche de la prison que de la maison de santé (les internés considérés comme violents y sont fouettés ou mis aux fers), ils offrent aux détenus le privilège d'y manger à leur faim. Quand les hôpitaux sont pleins, malades et démunis périssent dans la rue. C'est ainsi que La Reynie, lieutenant général de la police parisienne, l'équivalent de notre préfet, fait construire une trentaine de fours à pain dans la cour du Louvre pour éviter les émeutes de la faim. L'homme a pour mission de nettoyer la ville, qui passe alors pour la plus sale et la plus dangereuse d'Europe : Paris est déjà un mythe,

Vice et Versailles

celui des écuries d'Augias. La Reynie aurait-il reçu sur le crâne un vase de nuit, comme cela arrive constamment aux passants, ou bien s'est-il juste fait éclabousser ? Toujours est-il que le lieutenant général s'emploie à faire le ménage, de manière féroce. Sitôt dans ses fonctions, il fait recenser toutes les maisons de la capitale et institue une taxe d'assainissement : sous peine de répression, les habitants doivent nettoyer leur porche et sont obligés de placer leurs déchets dans le tombereau qu'un bruit de cloche annonce. Pour lutter contre l'insécurité La Reynie a l'idée de faire poser plus de 5 000 lanternes : un autre mythe voit le jour, celui de la « Ville-Lumière ».

Avec le Froid et la Faim vient la troisième allégorie à la même initiale, la Fièvre. En 1580 la peste est arrivée à Paris : elle y séjourne de manière endémique ou épidémique durant tout le XVIIe et le XVIIIe siècle. Elle ne quitte la capitale qu'en 1920. Tout le pays est atteint : en un an la maladie tue 17 000 personnes à Rouen. Voici le portrait que saint Vincent de Paul dresse du pays en 1652 : « Les villages, les bourgades, les cités ruinées, brûlées, les moissonneurs ne moissonnent pas ce qu'ils ont semé, ils n'ensemencent pas pour les années suivantes, tout est en proie aux soldats, les peuples sont exposés de leur part non seulement aux rapines et aux brigandages,

« Un favori sans mérite »

mais encore aux meurtres et à toutes sortes de tortures. La plupart des habitants des campagnes, s'ils échappent au glaive, meurent de faim. » Après la fièvre, le feu : les villes ne sont que bruit et puanteur, si bien que pour désinfecter il n'y a guère d'autre solution que de brûler de la paille avec du vinaigre : par conséquent, les incendies se multiplient. En 1621 notamment, toutes les maisons du pont au Change flambent. En 1630 c'est le clocher de la Sainte-Chapelle qui part en fumée.

Dans ce sombre tableau, Versailles ne fait pas figure de bon élève. Lorsque débutent les travaux du château, c'est un endroit inhospitalier, dangereux, qui ne compte qu'une seule auberge, l'« Hostel où pend l'Écu », décrite par Saint-Simon tantôt comme un « très misérable cabaret », tantôt comme un « méchant cabaret à roulier », l'équivalent du motel où l'on dort tout habillé de peur de prendre des puces et dont le café sent le rance : on s'y arrête par nécessité, non par plaisir. En tout cas, on n'y reste pas. La seule originalité du hameau de Versailles est peut-être d'être encore plus défavorisé que le reste du pays.

Lorsque Colbert découvre les lieux, il s'exclame : « Il est impossible d'y faire une grande maison ! » Saint-Simon, de sa plume acérée,

Vice et Versailles

exagère avec grâce, mais donne une description assez précise de la topologie versaillaise : « Le plus ingrat des lieux, sans vue, sans bois, sans eau, sans terre parce que tout y est sable mouvant et marécage. » Le mémorialiste, alors dans la force de l'âge, ne peut être accusé d'être trop attaché à son confort, comme quiconque à cette époque, du reste. Qu'importe, ce petit village sans intérêt n'existe plus dès 1673 : il est rasé, comme nombre de bourgs alentour, Trianon ou encore Choisy-aux-Bœufs. L'église Saint-Julien, petit joyau roman datant du XIIe siècle, est entièrement détruite : les esthètes de l'époque, à commencer par le jeune monarque, n'ont guère le souci de la conservation du patrimoine. Quant aux 500 habitants, leur expropriation est estimée à 142 600 livres. Ils sont indemnisés aux cinq sixièmes de leurs biens, avec, pour toute compensation, les « matériaux », c'est-à-dire un tas de cailloux. Bien évidemment la compensation financière tarde à venir si bien que, vu l'espérance de vie moyenne, la plupart des propriétaires ne toucheront pas la somme.

Les morts ne sont pas plus respectés que les vivants. Des cimetières sont déplacés : le Grand Trianon actuel a été élevé sur le cimetière du village du même nom. La petite chapelle de Saint-Antoine-du-Buisson, mentionnée en 1359,

« Un favori sans mérite »

accueillait les paroissiens du Chesnay, une commune limitrophe. Elle était située près de la porte Saint-Antoine, dans le parc du château. Elle est détruite sur ordre de Louis XIV. Des fouilles ont été entreprises vers 1950, à l'endroit même où j'entretenais un modeste potager il y a une vingtaine d'années. C'est ainsi que j'ai eu la surprise de découvrir dans mon jardin les dents de quelques pieuses nonnes enterrées près de leur église : avaient-elles fait vœu de pauvreté ? Je n'ai pas trouvé de crucifix en or massif dans mes carottes et mes navets. J'ai appris par la suite que j'étais loin d'être le premier à avoir fait de macabres découvertes dentaires dans les environs : il est avéré que toute la Grande Pépinière est truffée de molaires et d'incisives ecclésiastiques ! Si les plus chanceux n'ont exhumé que des sépultures de sœurs, d'autres eurent droit à une découverte plus insolite : parmi les squelettes féminins gisait celui d'un homme enterré face au sol. Les historiens ont avancé l'hypothèse qu'il pourrait s'agir du corps d'un « prêtre criminel ».

Un marais, une fosse, voilà le portrait de la ville où le roi veut faire son palais. Ses seuls habitants sont les rats, les cloportes, les araignées et les taupes. Lorsque de rares aventuriers viennent s'enquérir des travaux, ils ne sont pas

Vice et Versailles

déçus : il n'y a « quasi pas un trou pour s'y mettre à couvert », raconte Madame de Sévigné à Olivier d'Ormesson.

Avec les travaux, la situation empire. Le bourg est submergé par l'arrivée d'ouvriers, pour la plupart des pauvres bougres venus de partout, qui viennent chercher un peu de travail sur le plus grand chantier d'Europe. Ils dorment dans des campements autour du château, faute d'endroit pour les accueillir. Pourtant, les Versaillais construisent... des tavernes, d'où une multiplication des rixes et des bagarres dans des bouges aux noms que je trouve exotiques : il est relevé des troubles à l'Écu, à la Croix-Blanche et au cabaret du Croissant. En 1670, au Lion d'or, un tailleur de pierre s'en prend à un locataire et le tue. Ces hommes partagent la même soif, d'espoir et d'alcool. Venus de pays et de régions différents – en France comme ailleurs la langue n'est pas unifiée et les parlers peuvent changer tous les trente kilomètres –, ils communiquent à coups de poing. Les heurts gagnent le chantier : en 1672, près du Grand Canal, maçons, charpentiers et terrassiers s'étripent ; en 1680 un matelot du Canal, Adancourt, roue de coups une malheureuse veuve Lecomte qui passait par là, si bien que Louis XIV ordonne de réglementer les débits de boisson : dès 1687, les condamnations pleuvent.

« Un favori sans mérite »

Le chantier avance, les morts s'accumulent. Il faut dire qu'avec un salaire maximum de 20 livres par mois, l'ouvrier versaillais n'a guère les moyens de veiller sur sa santé. Qu'il ne s'inquiète pas : la générosité royale lui accordera pour une jambe ou un bras cassé 40 livres, c'est-à-dire deux mois de travail, et 60 livres pour un œil crevé : de quoi faire passer l'envie de se mutiler pour récupérer de l'argent. À combien est estimée la vie d'un ouvrier ? À 100 livres, soit à peine le prix de deux cuillères en argent. Heureusement des tribunaux sont là, et même plusieurs, puisque, jusqu'à la Révolution, deux juridictions cohabitent : l'ordinaire, ou bailliage royal, et la Prévôté de l'Hôtel destinée aux « suivants de la cour dans le lieu de résidence du roi ». Une loi dépendant du rang, donc du sang, voilà la justice des hommes de ces lieux. *Idem* pour les peines : en fonction de leurs ressources, les condamnés se retrouvent en prison, nourris, éclairés, et pour ceux qui le souhaitent avec une table et de quoi écrire ; tandis que les pauvres sont jetés au cachot, souterrain, sans lumière. Ceux-là n'ont pas été condamnés à mort, ils ont pourtant la certitude de succomber bientôt, de froid, de faim ou d'oubli.

Voilà des vérités propres à ternir le lustre de Versailles : les historiens ne les évoquent guère.

Vice et Versailles

Faute de pouvoir les occulter, ils utilisent la figure de rhétorique la plus classique qui soit, l'euphémisme : « Les fièvres faisaient plus de victimes que les accidents dont le nombre ne dépassait guère une centaine par an[1]. » C'est vrai, cela ne fait jamais qu'un mort tous les trois jours, après tout ! Il va sans dire que s'épuiser 18 heures par jour, qu'il vente, neige ou pleuve, est absolument sans lien avec le fait de tomber malade. Pire, j'ai lu dans plusieurs livres que les vingt ans de travaux du château n'auraient fait que — la précision du chiffre ne manque pas d'ironie — 3 200 blessés et 227 morts ! Les témoignages des contemporains sont pourtant fort éloquents. Madame de Sévigné, dans une lettre du 12 octobre 1678 à Bussy-Rabutin, déplore notamment « cette mortalité prodigieuse des ouvriers dont on emporte toutes les nuits, comme de l'Hôtel-dieu, des chariots pleins de morts. On cache cette triste marche pour ne pas effrayer les ateliers et pour ne pas décrier l'air de ce favori sans mérite. Vous savez, ce bon mot sur Versailles ». D'aucuns diront que la marquise exagère. Ce n'est sans doute pas entièrement faux, en tous les cas c'est commode : pour nombre d'histo-

---

1. Jacques Levron, *Versailles, ville royale*, Paris, La Nef de Paris, 1964.

« Un favori sans mérite »

riens et, j'ajouterais, de Français, Versailles est intouchable, sacré. Gare à celui ou à celle qui, même issu de l'aristocratie, oserait écorner l'image royale : on ne raie pas le verre impeccable de la galerie des Glaces. La même loi du silence sévit pour le sexe : s'ils ne s'appelaient Louis XIV ou Louis XV, ces deux monarques seraient volontiers qualifiés d'obsédés, on préfère parler, avec un sourire grivois, de séducteurs ou de coureurs de jupons.

Printemps et automnes se suivent, d'année en année ce sont les morts que l'on ramasse à la pelle, les accidentés qui fleurissent sur le chantier. Madame de Sévigné, qui décidément n'aimait guère Versailles, évoque « l'ère Maintenon, ère mortelle » lorsque de nouveaux travaux sont entrepris pour la favorite.

La construction du canal de l'Eure est particulièrement meurtrière. Pour que les fontaines du jardin puissent fonctionner, ce ne sont pas moins de 30 000 ouvriers, dont 22 000 soldats, qui s'affairent pendant plusieurs années, aussi mal nourris que mal payés. La tâche est sans relâche : même les officiers n'ont pas plus d'un quart d'heure de pause. Si j'ignore combien d'hommes ont péri – le nombre de 8 000 morts avancé me semble optimiste –, je sais que trois hôpitaux, à Saint-Piat, à Nogent-le-Roi et à

Vice et Versailles

Chartres, furent construits pour soigner les victimes d'un projet digne des pharaons. Depuis Charles VII, les rois de France portent le titre pompeux de « fontaine de justice », celles du jardin sont tout autant alimentées d'eau que de sang.

Louis XIV est-il au courant ? À n'en pas douter : il serait fort étonnant que le monarque, qui loge au château et passe une large partie de sa royale journée à choisir les terrasses à l'italienne et le moindre meuble, n'ait pas eu la curiosité de visiter le chantier régulièrement. Il s'y fait même prendre à partie : une vieille femme, en deuil de son fils mort quelque temps auparavant, hurle à la tête du roi que son palais est « putassier » : Louis XIV exige qu'elle soit fouettée. Le bourg de Saint-Germain se charge d'exécuter la sentence devant une populace qui n'apprécie guère la sanction. Quelques jours plus tard, c'est un vieil homme de soixante ans qui, à son tour, interpelle le monarque en le qualifiant de tyran. Il est jugé par le Grand Prévôt, condamné aux galères après avoir eu la langue coupée. Il n'est décidément pas bon de contrarier le roi. Monsieur de Péguillain, comte de Lauzun, écope de six mois d'emprisonnement à la Bastille pour insolence envers Louis XIV. Il a osé briser son épée devant le monarque, déçu de ne pas devenir

« Un favori sans mérite »

Grand Maître de l'artillerie. Et quand Louvois, un des architectes, ose faire des reproches, il est retrouvé mort dès le lendemain, victime d'une crise cardiaque fort opportune. Que dire de Philippe de France, Monsieur, qui décède deux ans plus tard d'apoplexie après une violente dispute avec son royal frère ? À mon avis, au mieux Louis XIV s'en moque, au pire il s'en délecte. Il est vrai que la vie humaine n'a guère de prix à cette époque, surtout celle des ouvriers. J'ai même vu un tableau représentant l'effondrement d'un échafaudage, une gouache de Van Blarenberghe, aujourd'hui exposée au ministère des Affaires étrangères : j'imagine aisément Louis XIV devant la toile et la trouvant cocasse. Son successeur ne fait pas mieux. En 1730 des fièvres paludéennes et typhoïdes tuent la moitié de la population. Comme le peuple bien souvent n'a pas d'autre solution que boire l'eau des caniveaux, l'épidémie s'aggrave. Louis XV ne s'en émeut guère : il préfère contempler l'eau claire des fontaines versaillaises, si possible avec une jolie femme. Il faut attendre 1737 pour qu'il décide d'accorder une partie de l'eau du bassin de Marly à la population[1].

---

1. Pascal Lobgeois et Jacques de Givry, *Versailles. Les Grandes Eaux*, Paris, JDG, 2008.

Vice et Versailles

C'est la peur qui fit venir Louis XIV à Versailles, effrayé par la Fronde, c'est le sang qui lui permit d'y rester. Les tendres allées que nous visitons, le luxe fabuleux d'un palais que nous admirons sont élevés sur un charnier qui donnerait la nausée au pire des tyrans.

CHAPITRE 5

Le Masque de fer

Le premier coup d'éclat de Louis XIV est une sombre vengeance. Il est vrai que le jeune roi ne s'appelle par encore « Soleil » : c'est un blanc-bec de dix-huit ans, éclatant de jeunesse et d'arrogance, mais qui fait preuve de peu de lumière lorsqu'il s'agit de choisir son entourage. Ses conseillers brillent plus par leur malice que par leur vertu. À leur tête, un homme dont le nom et les mœurs semblent avoir été forgés sur le terme de malandrin, Mazarin. Ministre de Dieu et ministre du roi, il n'en demeure pas moins un voleur impénitent. Sous la pourpre, il s'en met plein les poches, de manière compulsive. Terres, biens, bijoux, étoffes, tout est bon pour le cardinal qui se moque du vœu de pauvreté. Le prélat préfère les biens de ce monde, qu'il entasse dans sa cave sous la forme de lingots d'or. La rapacité du cardinal quant à elle ne demeure pas longtemps cachée. Elle éclate au

Vice et Versailles

grand jour avant d'inspirer les rumeurs colportées et grossies au moment de la Fronde : si les « mazarinades » sur la cleptomanie du premier ministre sans doute exagèrent les faits, les anecdotes relatées par Voltaire dans *Le Siècle de Louis XIV* décrivent bien la passion du cardinal.

« J'ai entendu conter à feu M. de Caumartin, intendant des finances, que, dans sa jeunesse, quelques années après la mort du cardinal, il avait été au palais de Mazarin, où logeaient le duc, son héritier, et la duchesse Hortense ; qu'il y vit une grande armoire de marqueterie, fort profonde ; qui tenait du haut jusqu'en bas tout le fond d'un cabinet. Les clefs en avaient été perdues depuis longtemps, et l'on avait négligé d'ouvrir les tiroirs. M. de Caumartin, étonné de cette négligence, dit à la duchesse de Mazarin qu'on trouverait peut-être des curiosités dans cette armoire. On ouvrit : elle était toute remplie de quadruples, de jetons et de médailles d'or. Madame de Mazarin en jeta au peuple des poignées par les fenêtres pendant plus de huit jours. »

Contrairement à son épouse, le premier ministre n'est pas du genre à disperser l'argent par les fenêtres, mais plutôt à demander du sucre dans son café, qui fit son entrée en France dans les années 1660, rien que pour pouvoir

Le Masque de fer

dérober la cuillère en argent qui l'accompagne. Ce prélat est une pie qui convoite tout ce qui brille. Lorsqu'il lorgne sur un décolleté, il n'en admire pas les rondeurs mais le collier : sa concupiscence est faite de métal, non de chair. Il ne pense pas, il compte. C'est ce que l'on appelle un esprit calculateur. Sa fortune est colossale. À sa mort, il est l'homme le plus riche de France, laissant plus de 35 millions de livres. Dans cette somme, colossale à l'époque, tout n'est pas bien acquis. Coïncidence ? En 1648, soit trois ans à peine après le décès de Louis XIII, le Trésor royal est en faillite, la France est à genoux mais Mazarin prospère. Le cardinal est un escroc, qui n'hésite pas à piquer dans la caisse. Tous les régimes ont leurs voleurs fameux : la République romaine avait eu Verrès, le Grand Siècle Mazarin.

Le cardinal n'omet pas de s'entourer de seconds couteaux tout aussi habiles et peu scrupuleux que lui, Colbert et Fouquet. Pour être sûr de son hégémonie, il prend soin de s'assurer que les deux hommes se détestent : diviser pour régner, telle pourrait être sa devise, si elle n'avait été popularisée par Machiavel. Extorsions, détournements, impôts, pots-de-vin, le gouvernement de Louis XIV est dirigé par trois brigands : ils ont beau porter de fines moustaches, ce sont des

Vice et Versailles

mafieux avant l'heure. La pieuvre classique s'étend à toute l'Europe, par le biais de libéralités ou sous couvert de mécénat. À noter que Louis XIV n'y répugne pas et qu'il est au moins au courant, quand il n'y participe pas...

Entre Colbert et Fouquet, Mazarin entretient une franche animosité, donnant aux deux, mais jamais en même temps, leur faisant miroiter les mêmes faveurs de sorte que l'envie s'exacerbe. Il fait tout pour entretenir l'égalité, c'est-à-dire la rivalité entre les deux hommes, si bien que ce qu'il donne à l'un, c'est comme s'il le retirait à l'autre. Il faut dire que les deux hommes ont tout pour se haïr. Il y a d'un côté le noble que la vie favorise : fils d'une famille qui a fait fortune dans le commerce des tissus avant d'être anoblie, Fouquet est éduqué chez les jésuites puis devient magistrat sur les conseils de Richelieu en personne. Tout lui réussit : sur les tableaux il a toujours un sourire au coin des lèvres. De l'autre, le laborieux, fils de drapier lui aussi, mais sans particule, qui s'est fait tout seul. Il est surnommé « le Nord » par Madame de Sévigné tellement il est froid. Sur les portraits, il arbore une moue dépitée. Fouquet devient surintendant des finances, ce qui fait de lui un homme de l'ombre et de Colbert un homme public. Le pire pour ce dernier est que son rival se sort à mer-

Le Masque de fer

veille de ce poste difficile : lançant un emprunt garanti sur sa fortune personnelle, Fouquet met en place un emprunt d'État garanti, parvenant ainsi à rétablir la confiance et l'épargne. Le surintendant est un noble, doublé d'un escroc : avec lui l'argent n'est jamais un problème. Il parvient toujours à en trouver, pour les fêtes du roi comme pour le peuple. Parmi toutes les fées qui se sont penchées sur son berceau, il y a la plus puissante, la chance. Colbert aussi a réussi dans sa charge, mais personne ne le sait. L'un sait se faire aimer, l'autre préfère se faire haïr. Voici le portrait qu'en dresse Hesnault :

Ministre avare et lâche, esclave malheureux
Qui gémis sous le poids des affaires publiques ;
Victime dévouée aux chagrins politiques
Fantôme révéré sous un titre onéreux ;
Vois combien des grandeurs le comble est dangereux.

Ajoutez à cela que Colbert est de quatre ans plus jeune que Fouquet et vous aurez compris : au début, Colbert est un petit Fouquet, en moins bien.

La haine, évidemment, éclate à la mort de Mazarin. Chacun complote, à sa manière. Fouquet fait dans l'humour et le mépris : lors des grandes fêtes de Vaux, les courtisans bien intentionnés

Vice et Versailles

remarquent un peu partout un motif bucolique : un écureuil poursuivi par une couleuvre. Le décor ne trompe personne et en fait rire plus d'un : les deux bêtes sont les emblèmes respectifs des deux ministres. Voilà leur rivalité peinte sur les murs. Colbert ne mérite pas tout à fait d'être comparé à une couleuvre : il appartient à une espèce de serpent beaucoup plus venimeuse. En 1659, lorsqu'il est chargé de veiller à la gestion des finances de l'État, il rédige un mémoire sur de prétendues malversations du surintendant des finances, pointant que « moins de 50 % des impôts collectés arriveraient jusqu'au roi ». La cabale est lancée. Dans le duel intervient alors un troisième larron, qui n'est autre que le roi. Tout monarque qu'il est, lui aussi a une bonne raison d'envier Fouquet. Le ministre a trop de talent, trop de relations, notamment auprès des artistes : Le Vau, Le Brun, Le Nôtre travaillent pour lui. Il vient de faire bâtir un château magnifique, qui fait l'admiration de toute l'Europe et de la cour. Pendant que le ministre triomphe et s'amuse, le souverain se débat dans les travaux de son « marais puant », avec le vieux pavillon de chasse démodé de son père. Louis XIV est encore jeune. Il a besoin de s'imposer. Et puis cette phrase qui sert de devise à Fouquet, « Jusqu'où ne montera-t-il pas ? », ranime les dou-

Le Masque de fer

leurs du roi au temps de la Fronde, d'autant plus que le souverain, lui, n'a pas encore de maxime.

En 1661 donc, lorsque Mazarin meurt, Fouquet est en passe de devenir premier ministre. Louis XIV s'exaspère. Que fait le jeune monarque ? Il passe outre et supprime la fonction. La rumeur gronde : Fouquet, propriétaire de Belle-Île-en-Mer, ferait armer ses bateaux, en vue de préparer la riposte à une éventuelle attaque royale. En fait, le surintendant songe seulement à protéger ses terres, mais le mal est fait : le coup d'État est proche.

En mai, quatre mois avant les grandes fêtes de Vaux, Louis XIV a déjà décidé de l'arrestation de Fouquet. Lorsqu'il lui demande de venir admirer les dernières constructions du château, il s'agit d'un piège, qui ne trompe personne, à commencer par le surintendant. Qu'importe, il relève le défi et organise les fêtes somptueuses que l'on sait. Fouquet est au courant, il s'en moque. Grand seigneur jusqu'au bout, il offre au souverain le pire des camouflets : il l'invite à sa fête. Celle-ci tourne à l'humiliation publique, une humiliation programmée devant 3 000 personnes. Pire, Fouquet propose à Madame de La Vallière de l'argent en échange de ses faveurs, une manière de dire que la favorite n'est qu'une prostituée malgré sa royale clientèle. Le roi

Vice et Versailles

riposte en arrivant à la fête dans un carrosse tiré par six chevaux blancs. Chacun observe, attend ; il fait lourd : l'ambiance est à couper au couteau tandis que les divertissements se succèdent. Le mercredi 17 août, selon le mot de Voltaire, Fouquet, à six heures du soir, est le roi de France, à deux heures du matin, il n'est plus rien.

Quelques jours plus tard, à Nantes, le surintendant est arrêté par un mousquetaire appelé à la célébrité, d'Artagnan. Il est enfermé à la forteresse de Pignerol, où il restera presque vingt ans. Il n'a eu qu'un tort : laisser croire, pire laisser voir, à une époque encore proche de la Fronde, qu'il était un grand seigneur et Louis XIV un petit roi. Il faut dire qu'à vingt-deux ans le souverain ne plaisante pas du tout avec les préséances. Un exemple ? En 1662, à Londres, le comte d'Estrade, ambassadeur de France, croise le baron de Watteville. Malheureusement la rue est trop étroite pour permettre aux deux carrosses de se croiser. Watteville descend, non pour faire un constat, mais pour exiger du diplomate français la priorité. Celui-ci reste sourd à sa requête. Courroucé, Watteville poignarde le postillon et coupe les jarrets des chevaux. Le jeune roi a encore des boutons d'acné mais déjà un sens de l'honneur à fleur de peau : il envisage de déclarer la guerre à l'Angleterre !

Le Masque de fer

La justice a un principe, son bon pouvoir. Ainsi lorsque le verdict concernant Fouquet tombe, Louis XIV, cas unique dans l'histoire de France, alourdit la peine : l'exil est commué en bannissement à vie. Racine rapporte que le monarque aurait même dit : « Si Fouquet avait été condamné à mort je l'aurais laissé mourir. » Voilà pour « la clémence d'Auguste ». Au passage, le monarque se sert dans les biens du condamné. Quantité de statues du jardin de Versailles proviennent de Vaux-le-Vicomte comme celles toujours visibles dans le bosquet du Dauphin. Le monarque s'empare non seulement des biens, mais aussi des hommes, priés de venir désormais exercer leurs talents à Versailles. Je suis presque étonné qu'il n'ait pas fait brûler le château ! Au passage, Louis XIV trouve sa devise : *nec pluribus impar*, « supérieur à tous ».

Avec l'intervention de D'Artagnan l'affaire, digne d'une intrigue balzacienne, ténébreuse et crapuleuse à souhait, se transforme en roman à la Dumas car l'emprisonnement de Fouquet rejoint une des plus grandes énigmes de l'histoire de France jamais résolue, celle du Masque de fer. Celle-ci nous est racontée par Voltaire en ces termes :

« Quelques mois après la mort de ce ministre [Mazarin] il arriva un événement qui n'a point

Vice et Versailles

d'exemple ; et, ce qui est non moins étrange, c'est que tous les historiens l'ont ignoré. On envoya dans le plus grand secret, au château de l'île Sainte-Marguerite, dans la mer de Provence, un prisonnier inconnu, d'une taille au-dessus de l'ordinaire, jeune et de la figure la plus belle et la plus noble. Ce prisonnier, dans la route, portait un masque dont la mentonnière avait des ressorts d'acier, qui lui laissaient la liberté de manger avec le masque sur son visage. On avait ordre de le tuer s'il se découvrait. Il resta dans l'île jusqu'à ce qu'un officier de confiance, nommé Saint-Mars, gouverneur de Pignerol, ayant été fait gouverneur de la Bastille, l'an 1690, l'alla prendre à l'île Sainte-Marguerite, et le conduisit à la Bastille, toujours masqué. Le marquis de Louvois alla le voir dans cette île avant la translation, et lui parla debout et avec une considération qui tenait du respect. Cet inconnu fut mené à la Bastille, où il fut logé aussi bien qu'on peut l'être dans ce château. On ne lui refusait rien de ce qu'il demandait. Son plus grand goût était pour le linge d'une finesse extraordinaire, et pour les dentelles. Il jouait de la guitare. On lui faisait la plus grande chère, et le gouverneur s'asseyait rarement devant lui. [...]

« Cet inconnu mourut en 1703, et fut enterré de nuit à la paroisse de Saint-Paul. Ce qui

Le Masque de fer

redouble l'étonnement, c'est que, quand on l'envoya de l'île de Sainte-Marguerite, il ne disparut dans l'Europe aucun homme considérable »... à part Fouquet, officiellement mort dans les bras de son fils en 1680, que certains prétendent libéré grâce à l'intercession de la Dauphine, d'autres empoisonné sur ordre de Louvois par l'un de ses valets. Nul n'a vu le surintendant déchu depuis cette date. Était-il le Masque de fer ? Si cette thèse est abondamment développée dans un pesant volume de Pierre-Jacques Arrèse, elle me semble un brin trop romanesque, en tout cas pas plus réaliste que celle de Dumas dans *Le Vicomte de Bragelonne* qui fait du prisonnier anonyme un frère jumeau du roi. Quoi qu'il en soit, Fouquet étant un peu plus âgé que le roi, en 1703, il aurait eu quatre-vingt-huit ans, un record de longévité pour l'époque, surtout après quarante ans de réclusion.

En revanche il me semble plus que probable que le plus grand mystère du règne de Louis XIV soit lié à l'arrestation de Fouquet. En effet dans sa geôle, le surintendant a droit à deux valets, dont l'un, nommé Dauger, est un détenu mis au cachot depuis quelques années. Quel est le secret que détenait Dauger : Jean-Christian Petitfils, dans son livre *Le Masque de fer, entre histoire et légende*, soutient que le valet aurait été au

Vice et Versailles

courant de transactions entre Louis XIV et le roi d'Angleterre. Si cela n'est pas impossible, ce qui est sûr à mes yeux, c'est qu'après dix ans au service de Fouquet, le brave valet était devenu « l'homme qui en savait trop » et qu'il fallait faire en sorte qu'il tienne sa langue. Tant de savoir méritait bien une muselière d'acier.

Je contemple les orangers du jardin qui viennent de Vaux-le-Vicomte et je pense à Fouquet, grand seigneur mort de l'envie d'un petit roi : Versailles est d'abord le domaine de la jalousie.

CHAPITRE 6

Ma maison des horreurs

Ma première rencontre avec Versailles fut lugubre.
J'ai douze ou quatorze ans quand mon père me montre le château, un dimanche de printemps. Comme tous les enfants de la région, j'avais bien entendu eu l'occasion de visiter les lieux lors des excursions scolaires, mais je n'y avais guère prêté attention, déjà suffisamment occupé à ramasser brindilles et marrons ou à tirer les cheveux de mes compagnes du beau sexe en herbe. Ce jour-là mon père avait décidé de s'acquitter de sa mission paternelle et dominicale en nous offrant une « leçon de choses », prenant avec lui mes trois sœurs et moi, c'est-à-dire « les petits », car je suis issu d'une famille nombreuse.
Mes trois aînés abandonnés aux jupons de ma mère – les malheureux étant déjà en âge d'avoir des devoirs à finir pour le lundi –, mon père

Vice et Versailles

mène bon train son quarteron de canetons hurlant dans la Peugeot 404, direction : la culture. Je suis assez fier car, outre le fait que j'ai le privilège de monter à l'avant de la voiture, honneur d'ordinaire réservé à Jean-François, l'un de mes aînés, mon père et moi sommes les deux seuls hommes à bord pour conduire ces dames de respectivement, seize, dix et huit ans. Nous arrivons au château vers quatorze heures.

Je ne fus pas déçu, je fus terrifié. Printemps et file d'attente obligent, nous commençons par le jardin, et plus précisément par le Parterre d'eau. Devant mes yeux éberlués un chien de bronze dévore un cerf. Mon père, guide pour l'occasion, m'explique doctement que je suis face au *Combat des animaux*, chef-d'œuvre de Houzeau pour lui, massacre bestial et sanglant selon moi : de ce jour date mon dégoût de la chasse et de tous les types de corridas plus ou moins barbarement organisés. Nous quittons ce spectacle d'abomination et descendons les marches jusqu'à la fontaine de Latone. Au centre d'une pyramide de grenouilles géantes et de monstres musculeux, une pauvre femme, à moitié nue, tient dans ses bras un enfant, tandis qu'un autre s'accroche à ses jambes. La bouche entrouverte, les bras levés, ils semblent appeler à l'aide. Mon père m'apprend que la mère est

Ma maison des horreurs

une déesse, ses enfants Apollon et Artémis et que les créatures marines sont des Tritons. Qu'importe ! Ce que je vois moi, ce sont des grenouilles de la taille d'un alligator, gueules béantes, et qui ne feraient qu'une bouchée de l'un des deux bambins, ou d'une fesse de leur mère, fussent-ils divins.

Nous poursuivons la descente aux Enfers jusqu'au Tapis vert, encadré de deux sculptures magistrales. À ma gauche, un garçon de pierre, qui ne doit avoir guère plus d'une vingtaine d'années, tient dans un bras le corps sans vie d'une jeune fille dont je devine qu'elle est sa compagne, dans l'autre, un glaive, qu'il enfonce bravement dans sa poitrine. Il s'agit de Poetus et d'Aria, inscrits par l'Unesco au patrimoine de l'Humanité, gravés dans ma mémoire comme les symboles du désespoir. Horrifié, je tourne la tête vers la droite et me retrouve nez à nez avec un homme de l'âge de mon père, c'est-à-dire pour moi à l'époque un « vieux », se débattant contre des serpents de la taille de ses bras. D'une main il essaie de se libérer, de l'autre de contenir la tête de la bête afin qu'elle ne morde pas l'un de ses fils. Tandis que j'essaie de calculer la longueur de l'animal ou de mesurer la grandeur de ses crocs, mon père parle de « sublime », de « pathétique », de « mythologique » et de « style

Vice et Versailles

à l'antique ». Je ne retiens qu'un seul mot, « souffrance ». Conscient de mon émoi, il me raconte que, dans la mythologie, Laocoon et ses fils sont punis par Apollon. Me voilà certes plus instruit, mais pas plus rassuré : je n'y connais rien, moi, à la mythologie et je suis prêt à parier que c'est le cas de nombre de visiteurs, et de leurs enfants, qui viennent au parc chaque année.
C'est un point de vue certes naïf, mais, maintenant que je suis un adulte, je m'amuse de temps en temps à me promener dans les jardins, comme si je ne savais rien. Partout ce ne sont que dragons aux yeux exorbités, poissons aux dents acérées comme celles des piranhas, en plus gros, femmes vouées à la mort et jeunes gens massacrés. Ici, le géant Encelade a le corps broyé par la roche en fusion de l'Etna, là Daphné, poursuivie par Apollon, tente d'échapper au viol. Le pire à mes yeux ? La jolie Proserpine, à moitié nue, serrée dans les bras d'un barbu hirsute, qui, s'il est roi, n'en a pas moins une mine patibulaire. Et aux guides d'expliquer que la jeune femme a bien de la chance d'être enlevée, puisque son ravisseur la conduit aux Enfers pour y être mariée !
Le château n'est guère moins cruel. Il est même pire car les scènes n'appartiennent plus à la mythologie, mais à la bonne histoire de la

Ma maison des horreurs

douce France. Cette barbarie est la nôtre, bien réelle, livrée qui plus est en couleurs, puisqu'il s'agit de peintures. Une des toiles les plus connues de la galerie des Glaces s'intitule *Le Rétablissement de la navigation en 1663* : le roi de France y est représenté en majesté, foulant aux pieds un Noir. Voudrait-on ne pas faire d'anachronisme en voyant un éloge de l'esclavagisme dans ce qui est un trait d'époque ? Un autre tableau célèbre *Le Rétablissement de la Justice* : cette fois-ci c'est une vieille femme que le souverain piétine. La visite macabre se poursuit par *La Résolution prise de faire la guerre à la Hollande*, œuvre datant de 1671, représentant, du premier plan jusqu'au fond, des monceaux de corps terrassés et pléthore de jambes, de bras tranchés, de poitrines de femmes dénudées s'offrant au glaive de soldats assoiffés de sang. Le spectacle s'achève, comme il se doit, « salon de la Guerre » ou « galerie des Batailles ». Cette dernière est réservée aux dîners d'apparat. J'ai eu de temps à autre le privilège d'y souper. Je me souviens avec effroi d'avoir dû savourer du homard face à de jeunes soldats en train d'agoniser, si bien que la conversation de la vieille héritière à collier qui me servait de convive me sembla un régal. Rois et reines d'antan avaient un solide appétit et un curieux sens du goût ! Imaginez de nos jours la

Vice et Versailles

reine d'Angleterre dégustant son *breakfast tea* face à une fresque représentant le bombardement de la ville de Dresde ou le président des États-Unis recevant les ambassadeurs devant l'image démultipliée, multicolore et fluorescente, façon Andy Warhol, de l'assassinat de Kennedy ?

Durant la mythique promenade, je me souviens que mon père nous proposa de nous acheter une glace au kiosque près du Grand Canal. Mes sœurs et moi refusâmes, l'estomac noué : juste derrière la tour de cornets, la reine Cléopâtre était mordue au sein par un serpent. Je me souviens surtout de mon soulagement lorsque nous quittâmes Versailles, domaine construit à la gloire de la mort, pour Trianon. Là, point d'horreurs, point de batailles, à la place des glaives sur les portes, des glands, à la place des serpents, des abeilles. Le vrai « Salon de la paix », c'est Marie-Antoinette qui l'a fait bâtir, dans son jardin : je suis fier aujourd'hui d'en être le gardien.

CHAPITRE 7

Les poisons

Le 14 août 1727, la reine de France est à l'agonie, le visage tordu de douleur et les yeux révulsés. Marie Leczynska n'a pourtant que vingt-quatre ans, elle est en France depuis deux ans à peine et croit sa dernière heure arrivée. Depuis la veille après souper, elle est victime d'abominables maux de ventre. On l'a couchée, on l'a saignée, rien n'y a fait : elle hurle comme une bête toutes les minutes. Heureusement, comme elle est enceinte, son médecin Peyrard est à ses côtés. Il tient la main royale en sueur, et, quand elle ne la lui broie pas en criant, pratique de nouvelles saignées. À bout de forces, la reine divague, en polonais, puis en plus rien du tout tellement elle souffre : une main de fer s'est abattue sur ses viscères et les torture, les fouille, les maltraite, les agite comme une armée de serpents qu'il faudrait clouer un à un. Elle voudrait bouger et se convulse, se morfond, hurle à nouveau, tente de trouver une position un peu moins douloureuse : rien ne la soulage. Les médecins ont diagnostiqué une intoxication alimentaire, la gourmande paierait le prix d'une goinfrerie de melons et de figues. Si, à l'époque, et c'est vraisemblable, on peut mourir d'une indigestion, la reine n'y croit guère, cela fait trop mal, ou alors elle a été trompée : ce melon avait un drôle de goût, ou plutôt un arrière-goût, amer. Quant aux figues elles étaient beaucoup trop sucrées pour être honnêtes : cela masque quelque chose, à n'en pas douter. C'est qu'elle en a entendu des histoires où un malheureux convive aurait fini la soirée le nez dans son assiette, pour toujours.

Elle ne sent même plus l'enfant qu'elle porte depuis huit mois : elle veut mourir, elle va mourir, empoisonnée. Elle ne serait pas la première étrangère, à Versailles, à succomber de la sorte : certains se souviennent de la mort d'Henriette d'Angleterre, une cinquantaine d'années auparavant. Là aussi, on avait prétexté une indigestion : une innocente assiette de fraises se serait révélée fatale à la belle-fille du roi d'Angleterre, avant qu'un laquais ne soit accusé d'avoir sucré ces dernières avec de la poudre de diamants. Pas de preuve bien sûr, mais une évidence : le domestique, congédié à la mort de sa maîtresse,

Les poisons

est allé mener la vie de château, loin de Versailles, et ce ne sont pas ses gages qui auraient pu lui assurer un tel train de vie.

La reine regarde Peyrard, se dit que c'est peut-être la dernière personne qu'elle va voir, se demande qui est son assassin. Le médecin a des doutes, mais d'une autre nature. Certes, l'enfant n'est attendu que pour la fin septembre, mais, si la ponctualité est la politesse des rois, elle ne leur vient pas au berceau. La reine gémit comme une démone, ses yeux sont ceux d'une gorgone, puis, un instant, elle s'apaise. Il soulève les draps : ils sont trempés. Il soupire et note dans son journal : quatre heures du matin, Marie, reine de France, vient d'entrer dans « les bonnes douleurs ». Quelques heures plus tard, Madame Première et Madame Seconde sont nées.

On dit que le poison est l'arme des femmes : je n'y crois guère, même dans mes pires poussées de machisme. En revanche, je ne serais pas loin de penser, lorsque je suis d'humeur cynique, qu'il est l'apanage des docteurs : les récents scandales pourraient bien me donner raison. En tout cas, à l'époque, rien n'est plus vrai : certains apothicaires sont pires que la peste. Depuis le Moyen Âge le pouvoir tente de lutter contre leurs abus. Dans une ordonnance de 1322, Jean

Vice et Versailles

Le Bon a pourtant jeté les prémices d'une législation[1]. Les apothicaires « ne vendront, ne bailleront aucune médecine venimeuse, périlleuse, ou qui puisse faire abortir ». L'ordonnance ne suffit pas. « Maîtres ou Scienciers, ou experts en la science de Médecine » ne se privent pas de vendre des toxiques, d'autant que le commerce, particulièrement au sommet des États, est des plus prometteurs. En 1384, Charles le Mauvais, roi de Navarre, demande à l'un de ses hommes de lui rapporter de son voyage « de l'arsenic sublimât », de Pampelune, de Bordeaux, de Bayonne et par toutes les bonnes villes où il passerait « ès ostelez des apoticaires ». La province en effet n'est pas en reste. À Lille comme en Avignon, le voyageur peut rapporter, en guise de souvenir, dentelles et arsenic – les chemises qui en sont imbibées font fureur, sans compter les venins issus des serpents. Les « remèdes » expéditifs des bergers du Roule, de Chaillot et de Sceaux, les petites fioles préparées par Lépine à Châtenay ou par Moreau à Chevreuse s'arrachent à prix d'or dans les salons parisiens.

---

1. J'ai trouvé une grande partie de la documentation de ce chapitre dans un mémoire passionnant de Josselin Fleury, déposé à l'université Paris XI en 2005.

Les poisons

Expéditif, ne laissant pas de traces car les autopsies sont rarement pratiquées à l'époque, quand elles ne sont pas tout bonnement interdites, par foi ou par prudence, le poison a les faveurs de l'aristocratie. Depuis le XVIe siècle, de sombres rumeurs circulent continuellement sur des tentatives d'empoisonnement des monarques ou de grands personnages de l'État. En France, la pratique aurait été introduite, avec la cuisine et les bonnes manières, par la très raffinée Catherine de Médicis. Jeanne d'Albret, la mère d'Henri IV, aurait succombé à une paire de gants imprégnés d'arsenic ; le duc d'Alençon, frère d'Henri III, serait mort en respirant le bouquet vénéneux offert par sa maîtresse. Quant à Henriette d'Angleterre, nul ne sait si ce sont les fraises, ou un gobelet de chicorée, qui lui furent fatales. Ce qui est sûr, c'est que sa fille, la reine d'Espagne, est passée de vie à trépas le nez dans son bol matinal rempli d'un breuvage fatal concocté par la comtesse de Soissons, la propre nièce de Mazarin. Toujours est-il que la mort subite de cette jeune femme pleine d'esprit, dont certains disaient qu'elle était une espionne, d'autres la maîtresse du roi, avait de quoi faire jaser. À toute chose malheur est bon, à condition d'être optimiste : la frénésie d'empoisonnements conduit à l'invention des élégants verres à

Vice et Versailles

pied. Gracieux et déliés, ils permettent d'éviter que le personnel ne verse discrètement un spécifique pendant le service. En entrechoquant leurs verres, les convives en mélangent les contenus et si l'un est empoisonné l'autre le sera aussi.

Louis XIV est un homme prudent : toutes ces précautions ne lui suffisent pas. C'est pourquoi il demande à ce que la vaisselle soit attribuée nominativement : hors de question que le roi boive dans le verre de la reine, et ce n'est pas pour éviter de connaître ses pensées ! Au moins, à Versailles, si un courtisan meurt empoisonné, il aura comme dernière certitude qu'il était bien la personne visée ! Quant au monarque, il a un goûteur, bien entendu, et s'il a des couverts en or, il préfère manger avec ses doigts : c'est moins propre mais c'est plus sûr.

Il faut dire qu'à Versailles, il n'y a qu'à se pencher pour trouver du poison : muguet, belladone, ciguë prospèrent. Qui se douterait qu'une simple omelette où la ciboulette a été remplacée par du muguet peut être fatale ? Veut-on varier les saveurs ? Tout le jardin est planté d'ifs magnifiques, tellement toxiques qu'un coup de langue suffit à terrasser un cheval. Sans compter, bien sûr, les crapauds des marécages avec le venin desquels est fabriquée la « poudre à aimer ». Celle-ci contient aussi de la cantharide,

Les poisons

hautement toxique, histoire d'assurer aux princesses mal avisées un amour éternel. Madame de Montespan aurait fait partie de ces héroïnes de noirs contes de fées.

Même les murs sont empoisonnés : la magnifique galerie des Glaces a causé la mort de nombre de vitriers. La raison ? La technique employée, l'étamage, utilise un alliage à base de mercure, nommé à l'époque vif-argent. En recouvrant l'objet de cette substance, les ouvriers sont sûrs de connaître la cause de leur fin. Un miroitier chevronné n'est guère beau à voir : à vingt-cinq ans il n'a déjà plus de dents ni de cheveux, à trente, il est mort, les poumons empestés. Une si faible espérance de vie leur valut pourtant quelques avantages. Pour décider les ouvriers vénitiens – les meilleurs – à venir travailler à Versailles, Colbert mande un espion chargé de leur faire miroiter, c'est le cas de le dire, toute une série de privilèges, dont une exemption d'impôts, une juridiction spéciale pour les administrer, et un salaire fort au-dessus de la moyenne. Le but de Colbert est double : si les Vénitiens sont si bien traités, c'est qu'il s'agit aussi de leur extorquer leur secret de fabrication, car les miroirs à l'époque se monnaient à prix d'or, environ trois fois plus cher qu'un Rubens par exemple. Leur venue donne lieu à

Vice et Versailles

un véritable roman d'espionnage : les miroitiers quittent l'île de Murano (à la vérité ils s'en échappent), la Sérénissime envoie à leurs trousses des sicaires avec l'ordre de les assassiner. Sur le chantier, il faut les protéger, tout en cherchant à découvrir leur secret, car ils prétendent travailler en cachette des verriers français. Quels furent les moyens employés ? Nul ne le sait, ce qui signifie déjà que les procédés ne devaient guère être avouables : ce ne serait ni la première fois ni la dernière que Colbert prendrait des libertés avec l'honnêteté. Ce qui est sûr c'est que leur passage coïncide avec la fondation de la compagnie de Saint-Gobain. De toute façon, lorsque la Galerie est inaugurée en 1684, la plupart des artistes qui l'ont bâtie sont morts intoxiqués. Les 357 miroirs de celle-ci reflètent le fantôme de leur histoire.

Si l'étamage est interdit en 1850, les miroirs mortels de Versailles, eux, sont restés. Ce fut même toute une affaire lorsqu'il fallut les restaurer en 2003. Il s'avère que 30 % des miroirs sont détériorés : hors de question de les remplacer par des miroirs actuels, car seuls « les miroirs au mercure donnent des reflets au scintillement inimitable », assure Vincent Guerre, un des spécialistes qui ont restauré la galerie des Glaces. « Ils ont une tonalité et une profondeur

Les poisons

spéciales, tandis que les miroirs modernes fournissent des images plates », et je veux bien le croire, non seulement parce qu'il est le spécialiste mondial du verre ancien, mais aussi parce la beauté est souvent vénéneuse. Après force rebondissements, la galerie des Glaces est inaugurée, à nouveau : et nous voilà, tous, à respirer un air chargé de mercure. Certes, le taux de toxicité est largement inférieur au seuil de sécurité établi par l'OMS, mais je recommande aux visiteurs coquets de ne pas se mirer trop longtemps dans la Galerie.

Des murs à l'assiette donc, tout à Versailles est toxique. Certains préfèrent en rire : La Fontaine en fait une fable, « Les Devineresses », Thomas Corneille une comédie, *La Devineresse ou les Faux Enchantements*.

Si l'atmosphère à la cour est fétide, la menace, comme lors de la Fronde, vient de Paris. On trouve de tout à la capitale, notamment des apothicaires : les frères Martinet aux Minimes de la place Royale sont spécialistes de distillations chics et expéditives ; Jourdain, plus populaire, vend ses crapauds à la foire des Halles. Les ménagères de l'époque les achètent et les choisissent en même temps que poulets et poireaux. Veut-on s'encanailler ou rester discret ? Il suffit d'envoyer une servante, de préférence naïve et

Vice et Versailles

peu loquace, dans une des « officines à poison » situées dans les faubourgs populaires du Nord et de l'Est parisien, entre l'enclos du Temple et le quartier de Villeneuve-sur-Gravois.

Parmi ces marchands de poudre de rêve il en est deux particulièrement redoutables : Exili et Laser ont cherché la pierre philosophale. Ils ont fait une découverte tout aussi lucrative que la transformation du plomb en or, la poudre de succession. Dans leur « étude », ils ont fait la rencontre d'un autre grand scientifique, Louis de Vanens, faux-monnayeur, pseudo-alchimiste et véritable escroc. L'homme est à la tête d'un réseau qui fournit toute l'Europe et eut des patients aussi célèbres que le duc de Turin (empoisonné en 1675) et des clients aussi fameux que le curé de Nail, qui envoie *ad patres* les maris fortunés et encombrants de ses ouailles favorites, et La Bosse, impliquée dans l'affaire des poisons. Amen.

Le commerce d'Exili et Laser est si prospère qu'il s'étend même en prison, car les deux hommes finissent tout de même par être embastillés. Les apothicaires y font la connaissance d'un dénommé Godin de Sainte-Croix, un petit lieutenant de cavalerie, qui n'a que deux passions, l'alchimie et une jolie jeune femme, Marie-Madeleine d'Aubray, marquise de Brinvilliers. C'est cette dernière, ou plutôt son père, qui lui a valu son emprisonnement. En effet, le mari de la marquise est un homme délicieux : non seulement c'est lui qui a présenté Sainte-Croix à son épouse, mais il ne s'offusque pas le moins du monde de sa liaison avec le lieutenant. Il faut dire qu'il entretient déjà nombre de maîtresses, dont une particulièrement coûteuse, le jeu, si bien que, lorsqu'il rentre le soir harassé, il n'a plus guère de ressources pour couvrir son épouse d'or ou de baisers. Avec Sainte-Croix, il double sa mise : il a gagné un compagnon de cartes et des nuits tranquilles, la paix des ménages en somme. C'est donc le père, Dreux d'Aubray, qui est exaspéré par la conduite de sa fille. Sachant que celle-ci a été probablement violée par un domestique de la maison à sept ans puis à nouveau par son propre frère, un misérable adultère, au mieux un ménage à trois, voilà qui est indigne d'une maison comme la sienne : la morale est relative.

Au sortir de la prison le drame bourgeois s'envenime. Les deux amants se retrouvent. Les années ont passé, elle est un peu moins fraîche, il est un peu moins fort, mais ils se découvrent une nouvelle passion commune, la botanique, et des sentiments partagés, l'amour certes, mais aussi la vengeance. L'entente des corps et des

Vice et Versailles

esprits est le secret des liaisons qui durent. Les deux tourtereaux réunis mitonnent en cœur. Le tableau est charmant : tandis qu'il part parfaire son savoir au jardin des Plantes où Glaser donne des cours, elle prépare, amoureusement et dans un grand chaudron, les recettes fournies par Exili. Parfois la sorcière amoureuse s'en va essayer ces spécifiques à l'hôpital : rien de tel qu'un sujet humain pour connaître l'efficacité d'un remède. La pratique est d'ailleurs des plus courantes à l'époque : la peste n'étant pas loin, mieux vaut éviter les rats, surtout lorsque les pauvres et les malades embarrassent les lits des hospices et des hôpitaux parisiens. Pour concocter son poison, il ne lui a pas fallu beaucoup de cobayes, en tout cas moins que pour tester la royale fistule de Louis XIV quelques années plus tard. Les deux amants se débarrassent ainsi du père de la marquise, de son frère et de ses deux sœurs. Par la suite les tourtereaux démoniaques se lancent même dans un commerce, prospère, à partir de leur mixture. Tout va très bien, Madame la marquise.

L'idylle prend fin, malheureusement : le motif de la dispute de ces deux diaboliques ? Le mari de la marquise. L'empoisonneuse l'a pris en grippe, elle s'en débarrasserait volontiers. Sainte-Croix, au contraire, n'aime pas l'inutile :

Les poisons

pourquoi expédier dans l'Au-delà un homme si tolérant ? qui joue si bien aux cartes ? qui fournit en outre un paravent bien utile aux fureurs et aux ardeurs de sa compagne, qui, à plus de trente-cinq ans, ressemble de plus en plus à une sorcière ? Madame de Sévigné dépeint la situation avec beaucoup d'esprit et non sans admiration pour cette femme « morte comme elle a vécu, c'est-à-dire résolument » : « Elle aimait ce Sainte-Croix, elle voulait l'épouser, et empoisonnait fort souvent son mari à cette intention. Sainte-Croix, qui ne voulait point d'une femme aussi méchante que lui, donnait du contrepoison à ce pauvre mari, de sorte qu'ayant été ballotté cinq ou six fois de cette sorte, tantôt empoisonné, il est demeuré en vie. »

Par précaution, Saint-Croix fait signer à sa compagne une confession, dûment enfermée dans une cassette, qui ne sera ouverte que s'il meurt avant elle. La confiance règne. Mieux vaut, car l'ensorceleuse a des rêves de grandeur, le sens des affaires et souhaite étendre leur petite entreprise familiale. Cordon-bleu, elle fabrique, à tour de bras, fraisiers fatals et farces funestes. Sa spécialité ? La tourte aux pigeonneaux pour maris pigeons et gourmands est savourée par le Tout-Paris, et bientôt par les fins becs de la cour. C'est ainsi que le venin rampe jusqu'à Versailles et que l'affaire familiale devient une affaire d'État. On craint pour la vie du roi, du dauphin, de Colbert. La comtesse de Soissons, la comtesse du Roure, la comtesse de Polignac, le maréchal du Luxembourg ou encore la marquise d'Alluye sont soupçonnés. Le soir, chacun part souper la mort dans l'âme, la craignant dans son assiette, persuadé d'assister à son dernier repas. Le 7 avril 1669, Louis XIV crée la chambre de l'Arsenal, une cour extraordinaire chargée de juger devins, sorciers et faux-monnayeurs. Il s'agit d'une chambre ardente, c'est-à-dire une juridiction spécifique, non parisienne. La marquise de Brinvilliers est arrêtée en 1676 et condamnée à avoir la tête tranchée avant d'être brûlée sur le parvis de Notre-Dame non sans avoir au préalable subi une torture de plusieurs semaines. Devant une foule friande, elle est menée à l'échafaud, les yeux bandés par le bourreau. Le premier coup de hache ne coupant pas totalement la tête, le bourreau promet de faire dire six messes, pour s'excuser, puis boit un coup, pour se donner de l'ardeur. Le corps de la marquise est brûlé et ses cendres dispersées au vent, pour éviter que des badauds ne récupèrent des restes d'ossements, certains estimant que l'abominable bougresse était une sainte.

Les poisons

Lorsque le tribunal rend ses derniers jugements, ce ne sont pas moins de 440 personnes qui ont été inculpées, 315 arrêtées, 104 jugées, dont 36 condamnées à mort, 4 aux galères et 34 bannies. Racine lui-même est inquiété, soupçonné d'avoir empoisonné sa maîtresse. Mais il y a pire : Madame de Montespan est accusée d'avoir eu recours aux philtres de la Voisin, non seulement pour rendre le roi amoureux, mais aussi pour se débarrasser d'une concurrence déloyale et féminine. Au cas où l'élixir d'amour aurait été inefficace, un poison pouvait venir à sa rescousse : deux précautions valent mieux qu'une. J'ai retrouvé la recette dudit philtre : des testicules de sanglier, de l'artichaut, de l'urine de chat et de l'excrément de renard, de la poudre de crapaud et, pour pimenter le goût et stimuler l'appétit, un œil de vipère. Il faut être très amoureux pour boire pareille décoction ! Le pire est que cela marche : Mademoiselle de Blois devrait sa naissance à l'aphrodisiaque.

Les philtres, comme l'amour, ne durent qu'un temps, d'autant qu'est arrivée à Versailles une jeune et jolie débutante, Mademoiselle de Fontanges. Tandis qu'elle minaude et que le roi la convoite, Madame de Montespan la fustige du regard. Pour un peu, elle lui jetterait bien le mauvais œil si Mademoiselle des Œillets, sa femme de chambre, n'avait pris l'affaire en main : elle fait dire des messes noires au nom de la favorite en passe d'être supplantée dans le cœur du roi. Les prières sont entendues : la belle demoiselle s'étiole à vue d'œil, elle se fane plus vite qu'une rose coupée. Malade et désespérée par la mort de son enfant en 1680, elle se retire à l'abbaye de Chelles où elle décède à vingt ans : c'est un peu jeune, même à l'époque. Rapidement la rumeur court qu'elle a été empoisonnée. La suspicion tourne à la certitude, car les dénonciations ne manquent pas : un berger reconnaît avoir fourni à la marquise de Montespan un philtre destiné à envoûter le roi, la Filastre, une empoisonneuse renommée, confesse avoir travaillé à l'élaboration de poudres pour tuer Mademoiselle de Fontanges. Les courtisans se déchaînent, leurs langues sont aussi venimeuses que les philtres incriminés. Certains en tiennent pour la Filastre, d'autres pour la Voisin, mais tous sont unanimes : un vent de sorcellerie souffle sur Versailles. Les plus audacieux oseraient presque s'en réjouir, comme Madame de Sévigné, qui, n'aimant pas le domaine et toujours à l'affût d'une histoire à raconter, cache à peine son admiration lorsqu'elle écrit le 23 février 1680 :

Les poisons

« Je ne vous parlerai que de Mme Voisin ; ce ne fut point mercredi, comme je vous l'avais dit, qu'elle fut brûlée, ce ne fut qu'hier. Elle savait son arrêt dès lundi, chose fort extraordinaire. Le soir elle dit à ses gardes : "Quoi ? Nous ne faisons pas médianoche ?" Elle mangea avec eux à minuit, par fantaisie, car ce n'était point jour maigre ; elle but beaucoup de vin, elle chanta vingt chansons à boire. Le mardi, elle eut la question ordinaire, la question extraordinaire : elle avait dormi huit heures. Elle fut confrontée à Mme de Dreux, Le Féron, et plusieurs autres, sur le matelas de torture : on ne dit pas encore ce qu'elle a dit. On croit toujours qu'on verra des choses étranges. Elle soupa le soir, et recommença, toute brisée qu'elle était, à faire la débauche avec scandale : on lui en fit honte, et on lui dit qu'elle ferait bien mieux de penser à Dieu, et de chanter un *Ave Maris Stella*, ou un *Salve Regina*, que toutes ces chansons. Elle chanta l'un et l'autre en ridicule, elle mangea tout le soir et dormit.

« Le mercredi se passa de même en confrontations, et débauches, et chansons. Elle ne voulut point voir de confesseur.

« Enfin le jeudi, qui était hier, on ne voulut lui donner qu'un bouillon : elle en gronda, craignant de n'avoir pas la force de parler à ces Messieurs. Elle vint en carrosse de Vincennes à

Paris. Elle étouffa un peu, et fut embarrassée ; on voulut la faire confesser — point de nouvelles. À cinq heures on la lia ; et, avec une torche à la main, elle parut dans le tombereau, habillée de blanc : c'est une sorte d'habit pour être brûlée. Elle était fort rouge, et on voyait qu'elle repoussait le confesseur et le crucifix avec violence.

« À Notre-Dame, elle ne voulut jamais prononcer l'amende honorable, et devant l'hôtel de Ville elle se défendit autant qu'elle put pour sortir du tombereau : on l'en tira de force, on la mit sur le bûcher, assise et liée avec du fer. On la couvrit de paille. Elle jura beaucoup. Elle repoussa la paille cinq ou six fois ; mais enfin le feu augmenta, et on l'a perdue de vue, et ses cendres sont en l'air présentement. Voilà la mort de Mme Voisin, célèbre par ses crimes et son impiété. On croit qu'il y aura de grandes suites qui nous surprendront. »

Ajoutez à cela que le souverain demande à ce que le corps de la jeune femme ne soit pas autopsié, et vous comprendrez que Madame de Montespan devienne l'ennemi public numéro 1. La princesse Palatine, par exemple, écrit : « La Montespan était un diable incarné ; mais la Fontanges était bonne et simple, toutes deux étaient fort belles. La dernière est morte, dit-on, parce que la première l'a empoisonnée dans du lait ; je ne sais

Les poisons

si c'est vrai, mais ce que je sais bien, c'est que deux des gens de la Fontanges moururent, et on disait publiquement qu'ils avaient été empoisonnés. »

La marquise ne doit son salut qu'à Colbert, ce qui est presque une preuve de culpabilité ! Le ministre parvient à gracier la marquise et le procès est ainsi évité. Bien évidemment il n'agit pas par charité d'âme : il s'agit pour lui à la fois de restaurer le calme à la cour, mais aussi de s'opposer à Louvois, mortel ennemi et ci-devant accusateur de la favorite. Quelque chose me dit aussi qu'en matière de poison, il ne serait pas irréprochable. En juillet 1682 la chambre est dissoute. L'affaire est cassée et Louis XIV proclame un édit fameux punissant de mort tous ceux convaincus d'avoir utilisé des substances toxiques. Le crime d'empoisonnement devient crime d'État. Sorciers et devineresses sont sommés de « quitter le Royaume sans délai ; ceux qui auront pratiqué la magie seront punis exemplairement ; ceux qui seraient tentés de les imiter dans l'avenir, paieront ce crime de leur vie ».

Bien que disculpée, la marquise n'est toutefois pas au bout de ses peines. À peine dix ans plus tard, deux hommes jettent par la fenêtre le mobilier provenant des appartements de la Montespan. L'ordre de l'expulser vient du duc de Maine, le fils du roi et de la marquise. Il n'existe pas de philtre pour susciter l'amour filial.

CHAPITRE 8

Attentats

Le peuple a froid, le peuple a faim, le roi danse. Le pays est au bord de la ruine et Louis XV ne s'en soucie guère. Sa préoccupation première est la nouvelle décoration pour le salon du Conseil des ministres. Qu'importe si les crédits manquent, il a décidé de transformer le Grand Cabinet à Versailles. Il réfléchit aussi à la construction d'une salle de spectacle. Il convient que cet opéra soit à la dimension de son orgueil, non des finances de l'État. Le train de vie du monarque est tel qu'il faut trouver de nouvelles recettes pour remplir les caisses du royaume désespérément vides. Il doit sans délai récolter des fonds d'autant qu'en mai 1756, il a conclu une alliance avec l'Autriche pour affronter l'ennemi héréditaire, l'Angleterre. Le conflit qui va durer sept longues années appauvrit encore davantage la population saignée par les impôts. Mais ce que veut le roi, Dieu le veut et la popu-

Attentats

lace doit payer. La grogne, les pamphlets assassins, les révoltes vite réprimées n'y changent rien. Le monarque a décidé, conseillé par Madame de Pompadour, son égérie, sa maîtresse. Quelques mois plus tôt, à la surprise générale, celle-ci a été nommée « treizième dame du palais ». Les femmes de la cour, outrées par la décision, font chorus contre le roi. Comment le monarque a-t-il pu ainsi accepter dans le saint des saints une roturière, une Poisson ? Fin diplomate mais surtout grand séducteur, Louis XV parvient à calmer la colère des marquises, des comtesses et des autres hystériques qui défaillent sur les parterres du Grand Trianon tant le parfum des tubéreuses était, paraît-il, enivrant. Les jardiniers d'aujourd'hui ont renoué avec la tradition. Les tubéreuses ornent à nouveau les massifs au printemps. Leurs senteurs sont délicieuses et si je veux bien admettre qu'une visiteuse soit incommodée par la puissance de leurs effluves, il n'y a pas de quoi s'évanouir ! Je n'ai jamais levé la main sur une dame mais je pense que si j'avais travaillé au côté de Claude Richard, le responsable du parc sous Louis XV, ce n'est pas des sels que j'aurais distribués pour ranimer les délicates, mais des taloches.

La marquise de Pompadour n'aime pas le peuple et le peuple le lui rend bien. Partout en

Vice et Versailles

France, elle est accusée de dilapider des sommes folles pour satisfaire ses caprices et de s'enrichir scandaleusement sur le dos de braves bougres qui n'ont rien ou si peu à manger.
Le roi est tout aussi détesté. Il est déjà loin le temps béni où l'on priait pour la santé de Louis le Bien-Aimé. Quand, le 13 septembre 1751, la dauphine met au monde un garçon, Charles Collé, un auteur dramatique note dans son journal que si l'annonce de cette naissance provoque dans le château une liesse de parade, il en va tout autrement à Paris. La Pompadour, prête à tout pour plaire au monarque, ne cache pas sa colère et ose même déclarer qu'il aurait été bon de pendre ces ingrats. Jeanne-Antoinette Poisson ne manquait pas d'aplomb en tentant de faire croire qu'elle défendait la dauphine et son prince de mari, alors qu'ils la qualifiaient publiquement de « maman putain ». Une fois la fronde des femmes maîtrisée, une grogne autrement plus délicate à traiter importune le souverain. En ce début de l'année 1757, l'ambiance à Versailles est comme le temps, glaciale. Les magistrats de Paris et de province refusent la création d'impôts nouveaux. Ils savent que la population est à bout et qu'une taxe supplémentaire causerait dans les villes et les campagnes autant de ravages que la peste ou le choléra. Le

Attentats

roi s'en moque. Il désire, il tranche, il ordonne. Pour faire plier les hommes de loi, il tient un lit de justice. Mieux vaut ne pas plaisanter avec les audiences solennelles. Les juges ripostent en se mettant en grève. Le mouvement de contestation draine dans son sillage 20 000 avocats, procureurs et huissiers. Louis XV n'en a cure. Les affaires du royaume peuvent attendre : nous sommes le 5 janvier, jour de chasse, hors de question de modifier le souverain emploi du temps. De retour à Versailles en fin d'après-midi, il visite sa fille Victoire, légèrement souffrante, et constate avec plaisir que sa santé s'améliore. C'est donc le cœur léger qu'il regagne ses appartements pour traiter, c'est-à-dire bâcler, les affaires courantes. Il est d'autant plus pressé que sa maîtresse l'attend à Trianon pour souper. La soirée s'annonce divertissante, peut-être même que « maman putain » a convoqué quelques amies pour pimenter la fête. De nos jours et en langage administratif, l'on appellerait cela « externaliser » les prestations.

Après avoir quitté son bureau, il emprunte l'escalier qui conduit au passage Nord et relie la cour de marbre et les jardins. Le roi est accompagné de quelques proches, son fils le dauphin, le duc de Richelieu, premier gentilhomme de la Chambre, et le duc d'Ayen qui deviendra, comme le duc, maréchal de France. Le capitaine des gardes en grande tenue ouvre la marche tandis que les escaliers sont éclairés par des valets immobiles portant à bout de bras des torchères. Il est dix-huit heures, la nuit tombe vite en cette période de l'année. Un petit attroupement s'est assemblé près du carrosse royal. Des intrigants, quelques nobles, des curieux qui espèrent apercevoir le monarque, le toucher peut-être, voire obtenir de lui un avantage. La pratique n'a rien d'étonnant. Sous la royauté, l'accès au domaine est réservé à la noblesse qui se distingue en portant épée et chapeau. Des petits malins ont vu dans la coutume un moyen de gagner quelques sous. Ils proposent à la location, devant les grilles du château, des épées et des chapeaux. Louis XV s'approche de son carrosse. Soudainement, il pousse un terrible cri. « Je suis blessé », hurle-t-il. Aussitôt c'est la panique. Le roi regagne sans tarder son logement, gémissant à la seule vue du sang royal qui a teint ses vêtements. Le « terroriste » est identifié sans peine : il est le seul à ne pas s'être découvert en présence du monarque. Pendant ce temps, Louis XV exige la présence d'un prêtre. Il est pourtant à peine touché. La lame du minuscule couteau a pénétré entre la quatrième et la cinquième côte et le chirurgien requis a beau tout essayer pour

Attentats

le réconforter, le roi est persuadé que ses jours sont comptés. À Paris et à Versailles règne la consternation. Le peuple reste perplexe. L'Église ordonne deux jours de prière tandis que les spectacles sont interdits.

L'attentat était pourtant prévisible. Quelques semaines auparavant, il a été trouvé un billet dans la cour d'un collège de jésuites, un billet qui était pourtant clair : « Vous, mes révérends Pères, qui avez su faire périr Henri II et Henri IV, n'auriez-vous pas quelque Jacques Clément ou Ravaillac pour nous défaire de Louis et de sa putain. » Qui plus est, ce mot doux n'est pas une exception. D'autres libelles décorent les murs de la capitale. Tous réclament un châtiment contre ce roi cruel qui n'a que faire du bonheur de son peuple, ce roi fainéant qui préfère la compagnie des putains à celle des honnêtes gens. Pendant que le souverain continue de gémir, on s'interroge sur l'auteur des faits, un pauvre hère né en 1715 dans l'Artois, laquais de son état. Robert François Damiens avoue ne pas regretter son geste tout en précisant qu'il n'avait pas l'intention de tuer mais simplement de marquer les esprits. Il reproche au monarque de ne pas suffisamment tenir compte de la douleur du peuple. Louis XV est ivre de rage tandis que la Pompadour exige un châtiment exemplaire. Il

Vice et Versailles

le sera. Auparavant, il faut soigner le roi, qui continue de croire que la lame a pénétré jusqu'au cœur, si elle n'est pas empoisonnée ! Fort heureusement, pour soigner une plaie bien modeste, les chirurgiens n'ont pas à commettre les habituelles ignominies qui précèdent alors les opérations. Il est de tradition avant toute intervention sur un souverain de se faire la main sur quelques misérables. En 1686, à Versailles, lorsqu'il s'agit de soulager Louis XIV d'une fistule anale, les médecins, avant de taillader le royal fondement, s'exercent sur des malades cueillis dans les hôpitaux de la région. Beaucoup ne survivent pas à leurs blessures. Ils sont enterrés de nuit, comme des chiens. Je ne peux m'empêcher de pester aujourd'hui quand je lis dans des ouvrages pourtant réputés le déroulé de l'opération d'une fistule appelée à la postérité. Quelques historiens osent même saluer le courage du roi qui, malgré les souffrances, n'aurait dit-on, ni tremblé, ni même gémi. Ces grenouilles de bibliothèques devraient pourtant savoir que le compte rendu de l'acte médical serait un jour présenté au monarque. Gare à celui qui aurait porté atteinte à la réputation de Sa Majesté. Pas un mot bien évidemment sur les pratiques des médecins qui sacrifient des innocents. Honte à ces pseudo-hommes de science !

Attentats

L'anecdote est à l'origine d'une autre que je trouve particulièrement amusante. Le 11 septembre Louis XIV est sur pied et peut à nouveau se promener dans ses jardins. Quelques jours plus tard, il se rend à Saint-Cyr. Les sœurs du cloître réservent au monarque un accueil chaleureux. Madame de Brinon, la mère supérieure, écrit un cantique qu'elle est fière de déclamer devant le roi : « Grand Dieu sauve le Roi, Longs jours à notre roi ! Vive le roi... » Lully, le musicien de Louis XIV, ajoute une musique. L'ensemble est harmonieux et séduit Haendel, le musicien du roi George Ier d'Angleterre. Traduit dans la langue de Shakespeare, l'hymne britannique *God Save the King* peut s'enorgueillir de ne pas venir de nulle part : il a un solide fondement.

À Versailles, les médecins se succèdent au chevet de Louis XV. Tous sont unanimes. La blessure ne nécessite ni soins ni repos et pourtant le patient ne cesse de crier. Cet homme aime être plaint, le courage n'est pas sa qualité première. Lorsque, le 7 août 1744, il tomba « gravement malade » à Reims, la France tout entière pria pour un monarque victime en réalité d'un mauvais coup de soleil.

Pendant ce temps, à Paris, dans une cellule sinistre de la Conciergerie, à l'endroit même où

Vice et Versailles

Ravaillac fut emprisonné, Damiens sait qu'il est perdu.

Après avoir subi la question, après avoir été longuement interrogé sur d'éventuelles complicités, il est condamné le 26 mars. Le jugement est sans appel. Damiens doit « être tenaillé aux mamelles, bras, cuisses et gras de jambes, sa main droite tenant en icelle le couteau dont il a commis ledit parricide, brûlée au feu de soufre et, sur les endroits où il sera tenaillé, jeté du plomb fondu, de l'huile bouillante, de la poix de résine brûlante, de la cire et du soufre fondus, et ensuite son corps tiré et démembré à quatre chevaux et, ses membres et corps consumés en feu, réduits en cendres jetées au vent »...

Comme si cela ne suffisait pas, de bons Français offrent au procureur général leurs services. Un honnête citoyen propose d'écorcher vif le condamné et de verser sur les muscles mis à nu des produits corrosifs tandis qu'un autre invente pour l'occasion un appareil destiné à énucléer le coupable.

Le jour de son exécution, le 28 mars, Damiens est extrait de sa cellule. Il aurait, paraît-il, déclaré à son bourreau : « La journée va être rude. » Elle le fut. Une foule énorme s'est agglutinée au pied de l'échafaud. Il y a tant de monde que des

Attentats

gens montent sur les toits pour mieux voir. Que la fête commence ! Le supplice est si abominable que bon nombre de curieux sont pris de malaises et de vomissements, tandis qu'un carré d'irréductibles se délecte. Des dames de la haute société piaillent de plaisir à la vue de ce corps massacré qui hurle et tremble sous les coups. Elles trouvent écho auprès du monarque qui, pour une fois, fait preuve de compassion. Quand Louis XV apprend que des femmes de la cour se sont ainsi comportées, il se contente d'un « Oh les vilaines ! ». Pendant de longues heures, Damiens endure. Un incident contrarie les exécuteurs. Le bras droit résiste à l'écartèlement. Rien n'y fait. Ni les coups de cravache sur la croupe des quatre chevaux chargés de la triste besogne, ni les tentatives renouvelées. Même les bourreaux commencent à trouver l'exécution pénible. Ils demandent, pour abréger les souffrances du malheureux, l'autorisation de couper à la hache les tendons de l'épaule. La demande est rejetée. Ce n'est finalement qu'à la tombée de la nuit que l'horreur se termine. Cela ne suffit pas à calmer le roi. Sa rancune est tenace. Il ne veut pas que Damiens devienne un symbole, un martyr, un exemple. Pour éviter que son corps ne soit source de dévotion, il est brûlé et ses

Vice et Versailles

cendres jetées au vent. Sa maison natale est rasée. Si ce n'est toi, c'est donc ton frère : la famille de Damiens est expulsée de France. Elle risque la mort si elle ne respecte pas l'obligation. Et elle doit changer de nom. Il est aisé de comprendre pourquoi, une trentaine d'années plus tard, un peuple enragé poursuivra dans le pays les monarchistes et leurs soutiens. L'exécution a laissé de bien mauvaises traces dans l'opinion publique. Ce roi qui n'était déjà plus un bien-aimé est maintenant haï par tout un peuple. Incapable d'assumer ses responsabilités, il s'en décharge sur ses plus proches conseillers, les accusant de n'avoir pas su mettre un terme à la diffusion des pamphlets le calomniant. Il leur reproche aussi de n'avoir pas su canaliser les velléités de certains parlementaires. Le garde des Sceaux, Machault d'Arnouville, est limogé tout comme le duc d'Argenson, secrétaire d'État à la Guerre. Là encore, l'influence de Madame de Pompadour a porté ses fruits. Elle est parvenue, et avec talent, à éloigner du roi des personnages qu'elle ne portait pas en amitié.

D'après des historiens bien documentés, Damiens était un simple d'esprit. Bras armé d'un complot, il aurait échoué dans sa tentative d'assassinat et refusé, lors des interrogatoires, de dénoncer ses complices. À la lecture des sup-

Attentats

plices infligés, je doute qu'il ait pu résister longtemps à la torture : il me semble évident que si Damiens avait su quelque chose, il aurait parlé. Moi, j'en suis sûr, j'aurais tout déballé et sans hésiter. La seule vue d'une roulette chez le dentiste me fait perdre mes moyens, alors face aux tenailles, piques et autres instruments...

Versailles, le château ou la ville, a connu d'autres attentats. Le 27 août 1941, Paul Collette, un jeune homme de vingt et un ans, guette Pierre Laval venu à Versailles saluer les volontaires français combattant sous l'uniforme nazi. La cérémonie se déroule dans une caserne située avenue de Paris, à quelques centaines de mètres du château. À peine les formalités achevées, Collette se précipite et tire à cinq reprises sur Laval qui n'est que légèrement blessé. Condamné à la peine de mort, Collette voit sa peine commuée en prison à perpétuité avant d'être libéré à la Libération. L'un des attentats qui frappa le plus les esprits est celui commis le 26 juin 1978. Deux indépendantistes bretons dissimulent une bombe dans un placard d'une salle du rez-de-chaussée de l'aile du Midi. Elle explose à deux heures du matin. Les dégâts sont considérables. Sept grands tableaux sont gravement endommagés, des bustes sont brisés, du mobilier détérioré. Le plafond de la galerie des Batailles n'a

Vice et Versailles

pas résisté au souffle de la détonation et les fenêtres qui donnent sur le jardin ont volé en éclats. L'affaire a fait grand bruit et les radios et les télévisons du monde entier ont envoyé sur place des reporters. Cette année-là, je suis jardinier depuis à peine deux ans et je ne comprends pas que l'on puisse s'attaquer à un joyau de notre patrimoine. J'ai vingt et un ans et je me sens plus que jamais l'âme patriote. Pendant de longues années, quantité de badauds ne sont venus en visite à Versailles que dans l'espoir d'apercevoir les séquelles de l'attentat. Tristes sires. Cette action discréditera à jamais le Front de libération de la Bretagne et, mis à part quelques modestes coups d'éclat, cet attentat fut pour l'organisation indépendantiste le coup de trop. Les auteurs seront arrêtés, jugés par la Cour de sûreté de l'État, condamnés à quinze ans de prison ferme puis graciés par François Mitterrand.

Le château et ses dépendances abritent encore des résidences officielles. Les gouvernants aiment Versailles pour son histoire, sa richesse muséographique et architecturale ainsi que la beauté de ses jardins. Ils viennent aussi pour savourer un calme champêtre et ce à quelques lieues de la capitale. Qu'ils se méfient, des attentats continuent, de nos jours, d'être perpétrés dans les

Attentats

bosquets du parc, ils sont heureusement bien inoffensifs et feraient même sourire. Ils ne visent que la pudeur.

CHAPITRE 9

Cimetières

    Je n'aime plus les cimetières. Si je suis arrivé à l'âge où, malheureusement, leur fréquentation est synonyme de perte d'un proche, il fut un temps où je m'y promenais souvent, à la recherche de frissons autant que de tranquillité. Enfant, j'y ai d'excellents souvenirs de parties de cache-cache avec mes amis, en vacances, sur le bassin d'Arcachon. Le bourg répondait au nom d'Arès, le dieu de la guerre de la mythologie grecque. Il s'enorgueillissait de ses huîtres ainsi que d'un cimetière marin, car il donnait sur le port ostréicole. J'adorais m'y aventurer la nuit, et la balade lugubre était une alternative fort plaisante aux châteaux de sable. Pourquoi ? Tandis que sur la plage nous étions, avec raison, plus surveillés que des repris de justice, au cimetière je vivais pleinement ma soif de liberté.
    Ma passion était vivace car, par la suite, lorsque j'étudiais au lycée horticole, j'aimais me

promener, après les cours, dans le petit cimetière du Tremblay-sur-Mauldre. J'allais y trouver un peu de calme et puis finalement, y faire un peu d'histoire, ou du roman, puisque, en lisant les dates, j'imaginais les vies de ces anonymes et les événements historiques qu'ils avaient traversés. Anatole Barillet, médecin, était trop vieux pour avoir servi lors de la Seconde Guerre mondiale, à la différence de Charles Boissac, qui avait sûrement occupé de hautes fonctions. Geneviève Halo avait-elle travaillé ? Elle n'avait, en tout cas, pas fait un bon mariage, à en juger par l'état pitoyable de sa sépulture, placée par le hasard de l'endroit à côté de celle de Jules Flandrin, mort il y a plus d'un siècle, et qui était toujours fleurie.

Je me souviens notamment de la tombe d'un soldat tombé durant la guerre de 1914-1918. Elle était surmontée d'un casque qui portait encore le trou de la balle fatale : je me représentais l'homme dégoupillant des grenades dans les tranchées, le visage crispé par la pluie (mon imaginaire de la Première Guerre mondiale est resté fixé sur le 11 novembre), avant de s'élancer, bravement, en direction des lignes allemandes. Il n'était, comme moi à l'époque, du moins je le croyais, pas effrayé par la mort. Même la plaque célébrant le souvenir d'un prénommé Michel,

Vice et Versailles

né la même année que moi et mort à trois semaines, me laissait indifférent. Alors que la plupart de mes comparses allaient au cimetière pour broyer le noir de leur adolescence, je m'y régalais des cerises du cerisier qui y poussait, magnifique et intouché – car j'avais répandu, avec quelques camarades, la rumeur que les fruits nourris des cadavres étaient empoisonnés. Ma passion des cimetières s'est éteinte, je crois, avec la mort de mon grand-père, mais jusque-là ils ont été à mes yeux de paisibles jardins des morts.

Il faut dire que celui de Versailles est particulièrement décevant. On s'attendrait à pléthore de grands noms, à un gotha de l'Au-delà, une sorte de cour en miniature où la tombe de Saint-Simon ferait face à celle de Voltaire afin que les deux chroniqueurs puissent, enfin, deviser et répandre leur fiel : il n'en est rien. Le cimetière des Gonards, le plus grand de la ville, date de 1879 et, s'il n'a pas cette laideur brutale que je trouve aux cimetières modernes, il est d'une banalité indigne de Versailles. Des caveaux cossus, une pelouse impeccable côté riche, du sable et des croix de bois dans le carré des indigents, il pourrait se trouver n'importe où et, s'il est triste, c'est parce qu'il manque d'âme, un comble pour un cimetière ! Le lieu se flatte

Cimetières

certes de quelques grands noms, Edith Wharton et Gabriel Monod par exemple, mais la plupart de ses « locataires », puisqu'une concession perpétuelle dure aujourd'hui moins de trente ans, ne sont pas passés à la postérité. Je n'y trouve pas même les noms curieux ou romanesques des tombes d'Arès et, à vrai dire, si je ne souhaite guère y reposer, c'est de peur de m'y ennuyer. L'éternité aux Gonards doit passer à peu près aussi vite qu'un dimanche après-midi dans un village de la Beauce, par temps de pluie.

D'ailleurs les esprits originaux n'y restent pas. Prenez Landru : devant le Tout-Paris rassemblé à Versailles pour l'occasion, Henri-Désiré a été guillotiné à Versailles avant d'être inhumé dans le quartier réservé aux criminels. Lui qui, quelques mois auparavant, avait attiré à son procès tout ce qu'il y a de plus chic ou de plus fameux dans la capitale, notamment Colette et Raimu, lui dont l'éloquence et l'humour faisaient la une des journaux, se retrouve en terre dans le cimetière des Gonards, n'ayant pour seul cothurne d'éternité qu'un dénommé Cartier, obscur revenant sans esprit. Certes, le terrain accueille nombre de vieilles bourgeoises à détrousser, mais, soit que les héritiers s'en soient déjà chargés, soit que les biens matériels n'intéressent plus le Barbe-Bleue de Gambais, ce

Vice et Versailles

dernier s'y morfond si fort, qu'il bénéficie d'une remise de peine : quelques années plus tard, son corps et sa tête sont portés disparus ! L'administration du cimetière est perplexe : il ne reste pas une archive indiquant l'emplacement exact de la tombe. Une ultime fois le criminel est parti sans laisser de traces.

À propos de tête, il en est une autre qui a réussi à échapper à la tristesse du cimetière versaillais, celle de la marquise de Brinvilliers, qui aurait orné la bibliothèque de la ville jusqu'à récemment. En 1835, J.-A. Leroy, phrénologue de son état et donc spécialiste dans l'art de faire parler les crânes, s'empare de la macabre relique et déduit le plus sérieusement du monde que la prédominance des parties postérieures et latérales du crâne annonçait des tendances criminelles. Il précise que cette tête appartenait à une femme qui aimait les enfants, était douée d'un grand amour de l'approbation, de fermeté d'âme et de vénération ainsi que, je cite, d'« un esprit de saillie fort agréable ». Ce qui est formidable avec la médecine, c'est qu'elle permet souvent de donner des allures scientifiques aux hypothèses les plus farfelues. Quoi qu'il en soit, pour le grand public, le crâne versaillais ne peut être que celui de la Brinvilliers : il n'y eut jamais autant de monde à la bibliothèque.

Cimetières

Pourtant, sa description turlupine le médecin qui décide de mener l'enquête. Il découvre que ce crâne n'est pas celui de l'empoisonneuse mais celui d'une certaine Madame Tiquet, qui a, à deux reprises et pour des motifs futiles, tenté de trucider son époux. Scandale, le crâne n'est pas celui de l'aristocratique sorcière, mais celui d'une vulgaire criminelle, sentimentale qui plus est car elle aurait déclaré au pied de l'échafaud « mourir le cœur tout rempli de tendresse pour lui, comme au premier jour de son mariage ». La bibliothèque de Versailles retourne à son silence ordinaire et le crâne roturier, quelques années plus tard, disparaît mystérieusement : il ne faut jamais parier sa tête avec un phrénologue.

À côté de ce cimetière, dépitant jusqu'aux os, le jardin du château offre une alternative des plus enviables. Je me souviens, au moment de la tempête de 1999, d'avoir reçu quantité de lettres où un donateur sentimental demandait que ses cendres soient dispersées dans le jardin, voire suppliait d'être enterré au pied de l'arbre qu'il avait parrainé. L'envie n'est pas nouvelle : Mallarmé, familier du parc, voulait y enterrer ses chats, avec pompe. Il demanda pour l'occasion à son ami le compositeur Marras de faire jouer les Grandes Eaux, tandis que le poète portait un toast en l'honneur de l'animal défunt. Les chats mallarméens eurent une fameuse compagnie, car la plus grande célébrité, à ma connaissance, reposant dans le parc est la bête du Gévaudan.

Depuis 1765 l'affaire fait les choux gras de la cour. Louis XV, soucieux de la sécurité de ses campagnes, et un tantinet cruel, demande à être tenu au courant de chaque battue. Une forte récompense sera offerte à quiconque tuera l'animal. Jean Chastel, en juin 1767, y parvient. Mais l'affaire n'en est pas à son premier miracle et le roi, comme au jeu de cartes, paie pour voir la bête : afin de toucher le pactole, Jean Chastel quitte les noires forêts des Cévennes, la dépouille en guise de besace, et prend la direction de Paris, à pied. Chastel est un homme des bois et ne s'étonne guère que, dès Clermont, il soit accompagné d'un cortège de mouches, de plus en plus vertes et grasses à mesure qu'il s'approche de Versailles. Quand il se présente devant le roi, son trophée a tout de la charogne baudelairienne : le cadavre est dans un tel état de putréfaction que Louis XV demande à ce qu'il soit enterré sur-le-champ, dans le jardin. Les royales narines sont pourtant habituées aux odeurs fortes : comme son père a fait raser l'église Saint-Julien en 1681 pour agrandir le

Cimetières

château, il n'y a plus de cimetière à Versailles si bien que les morts des familles sont enterrés un peu partout, soit, pour les plus fortunés, dans les caveaux non loin des chapelles privées ; soit, pour les autres, l'immense majorité, là où il y a de la place où creuser. En un siècle, le sol de la région est devenu un charnier dont les relents méphitiques n'ont qu'une seule vertu, couvrir ceux des marais avoisinants. Tandis que rois et reines reposent dans la fraîcheur parfumée de la pierre en la basilique de Saint-Denis, le peuple s'entasse dans les sous-sols de la commune. En un mot Versailles, comme à son commencement, à nouveau, pue. La situation n'est pas différente dans le reste de la France : un arrêté de 1765 a bien ordonné la fermeture des cimetières sauvages de Paris et leur remplacement hors les murs, mais le clergé s'y est opposé. Versailles est la première ville à faire respecter l'édit, c'est dire si l'atmosphère devait y être fétide. Voltaire s'en félicite : « Un petit cimetière infectait les maisons voisines. Un simple particulier a réclamé contre cette coutume abominable. Il a excité ses concitoyens. Il a bravé la colère de la barbarie. » C'est ainsi qu'est construit le petit cimetière de Notre-Dame.

Pour ma part, j'ai fort heureusement encore un peu de temps devant moi avant de réfléchir au sort de mon corps une fois que je ne l'habiterai plus. J'espère seulement rester jardinier dans l'âme en ayant l'honneur de servir de terreau à un arbre, comme le brave Champagne, berger allemand, enterré sous un noisetier que je regarde chaque année avec une fière nostalgie lorsqu'il produit des fleurs puis des fruits parfumés.

CHAPITRE 10

L'esprit du siècle

Tous les ans, le 16 octobre, je mets mon réveil quelques minutes plus tôt : j'ai rendez-vous. J'ai rendez-vous avec Marie-Antoinette, avec son fantôme naturellement. Je m'habille à la va-vite car il ne faut pas réveiller mon épouse ni faire attendre la reine défunte, quand bien même a-t-elle l'éternité devant elle. Je sors le plus discrètement possible pour ne pas attirer l'attention de mon chien : il est des entrevues auxquelles il vaut mieux se rendre seul. Ma demeure n'étant pas très loin du Hameau, je n'ai guère plus de cinq minutes, tandis que le soleil se lève, pour apprécier le temps qu'il fera pour notre anniversaire. L'idéal est une belle journée d'automne, fraîche, lumineuse, vaporeuse, tout comme celle que je vais retrouver.

Lorsque j'arrive à la grotte, hélas, ma belle matineuse a fui : il ne reste de sa présence que des bouquets déposés par quelques admirateurs, des roses le plus souvent, en souvenir du tableau que peignit Élisabeth Vigée-Lebrun. Si Marie-Antoinette a été tuée à Paris, la grotte est le dernier endroit où elle a pu se réfugier avant que les révolutionnaires ne viennent la chercher, le 16 octobre 1793. Aujourd'hui son esprit règne toujours sur les lieux, un esprit tendre et clair comme le crépuscule du matin, qui lui va si bien.

Je n'ai guère le goût des histoires fantastiques : non qu'elles m'effraient ou qu'elles m'agacent, elles me désolent. C'est que, en quarante ans de travail à Versailles, j'en ai croisé des Masque de fer, des Marie-Antoinette, des Louis XIV et des Napoléon. Chaque fois mes impressions sont identiques : j'hésite entre la terreur et l'envie de rire et, au final, ne subsiste qu'un sentiment de malaise et surtout un fond de tristesse, et de détresse, que je trouve insoutenables.

Ce n'est pas faute d'avoir essayé : comme beaucoup, j'ai le goût de l'étrange, une imagination capricieuse et j'aimerais bien, de temps en temps, avoir la chance d'assister à des phénomènes inexplicables qui m'arracheraient à ma routine quotidienne. C'est ainsi que, adolescent, j'ai fait tourner les tables les soirs d'été avec une cousine mystique, dont j'espérais un baiser. J'ai même invoqué, ou inventé, force fantômes afin

L'esprit du siècle

de la serrer dans mes bras en la rassurant. L'Au-delà, et ma cousine, restèrent sourds à mes appels. Si aujourd'hui je suis plutôt un « esprit fort », c'est donc un peu par dépit.

Parfois je me demande si je ne fais pas peur aux fantômes : à Versailles tout le monde en voit, ou en a vu, chaque membre du personnel a sa petite histoire à raconter, et moi rien : pas une goule, pas un succube, pas le moindre zombie ou mort-vivant n'a daigné se manifester à ma personne. Voilà qui me rendrait paisiblement sceptique, si, dès mon arrivée à Versailles, je n'avais rencontré force familiers de l'autre monde. En 1978, deux ans à peine après mon entrée au jardin, un homme aux cheveux blancs m'affirme qu'il est la réincarnation du roi Louis XIV. J'éclate de rire, mais tous les renseignements qu'il donne sur la construction du château sont exacts. Au début des années 1980 des employés se plaignent de trouver tous les matins les portes du jardin cadenassées. Les soupçons se portent sur des jardiniers de Trianon. Je calme les esprits car certains sont déjà prêts à organiser une battue et, avec quelques hommes, de nuit, nous guettons. Postés dans les fourrés, nous attendons en silence, envahis par un froid grandissant, dans un noir d'encre. C'est à ce moment, je crois, que je me suis

Vice et Versailles

rendu compte à quel point le jardin pouvait être effrayant : sans autre éclairage que la lune, qui eut peur ce soir-là d'apparaître, il y régnait une nuit si profonde que même les ombres étaient devenues invisibles, accompagnées d'un tohu-bohu infernal, que l'obscurité accentuait : le moindre craquement de brindilles faisait un bruit de tambour, le moindre hululement retentissait comme une trompette, si bien que, lorsque nous avons entendu le crissement de chaînes et de ferrailles s'entrechoquant et raclant les cailloux des allées, tous, sans exception, nous avons cru aux fantômes ! Celui qui se manifesta à nos yeux était étrangement minuscule et tenait à la main en guise de boulet un sac M. Bricolage.

Dans cette atmosphère de conte de fées, une silhouette enfantine se hisse jusqu'aux barrières de bois et tente de clore le cadenas. Nous nous approchons pour découvrir que notre janissaire fantomatique est une pauvre petite personne de trente-cinq ans, dont la seule malédiction est d'être d'une maigreur extrême. Elle croit dur comme fer qu'elle a pour mission de veiller sur le jardin. Une autre fois, c'est une femme d'une quarantaine d'années qui est venue frapper à ma porte pour m'affirmer que je n'ai rien à faire chez elle, car elle est Marie-Adélaïde de Savoie, duchesse de Bourgogne. Je me souviens encore

L'esprit du siècle

du regard honteux et triste de ses parents, qui l'attendaient en bas de l'escalier, espérant qu'en venant sur les lieux de sa folie, leur fille reviendrait à la raison. Plus récemment, une jeune fille faisant les cent pas devant les Écuries, tous les soirs, s'impatientait en attendant que Louis XIV, avec qui elle avait rendez-vous, vînt à sa rencontre. Elle eut, pour lui conter fleurette, un remplaçant moins royal, et plus ponctuel, en la personne d'un de mes jardiniers qui se fit sacrément tirer les oreilles pour avoir abusé de la faiblesse de la jeune femme.

Il faut dire que le cadre est propice à l'imagination. Versailles est un lieu de surprises : Louis XIV l'a voulu ainsi, lui qui fit bâtir un palais sur une terre inculte et y fit donner des fêtes aux allures féeriques. Tout y est surnaturel, si bien que ce qui serait paranormal serait que le lieu ait l'air normal ! Le jour, les statues vous observent, on se perd dans les 43 kilomètres d'allées, les chambres vertes, les entrées des bosquets semblent surgir de nulle part, le visiteur a beau avoir un plan, toujours il s'égare. Les sons prennent des chemins de traverse, arrêtés par un buisson, couverts par une fontaine ou au contraire se répercutent au gré d'un écho à la cause inconnue. Le domaine est si vaste qu'il y a toujours une partie qui peut sembler abandonnée, comme le bosquet de la France Triomphante où personne ne s'aventure jamais. Chaque année des touristes sont retrouvés, affolés et claquant des dents, au fin fond du parc. *Idem* dans le château : le musée Napoléon, qui occupe toute une aile, n'est habité que des gardiens et des bustes sévères d'austères maréchaux médaillés qui vous tancent avec dédain.

Quand la nuit tombe, l'ombre dessine des griffes interminables sur les corps blancs des statues, le Grand Canal ainsi que les fontaines deviennent des tranchées noires et insondables d'où émergent des monstres d'or, gueules béantes et toutes dents sorties. Un seul nuage suffit à changer toute la configuration des lieux. Malgré les efforts du service de surveillance, il est impossible d'être certain que ce parc de 850 hectares est vide lorsque le haut-parleur fait la dernière annonce. Quelques-uns se retrouvent enfermés, consentants ou non. Je croise leurs silhouettes, parfois, fugitives et fuyantes, lorsque le soir je me promène en compagnie de mon chien. Rien de grave bien sûr : il s'agit la plupart du temps de jeunes Versaillais à la recherche de frissons. Ils ne sont pas déçus : des bruissements, des chuchotements, des paroles étouffées, entrecoupés de cris d'oiseaux et de grognements d'animaux sont là pour effrayer ces visiteurs du soir.

L'esprit du siècle

Et puis il y a les fêtes de nuit, les sons et lumières magnifiques offerts plusieurs fois par an. Les plus impressionnants sont à mon avis les Grandes Eaux nocturnes. Jusqu'à près de minuit le parc s'anime : le Tapis Vert s'enflamme, eaux et musique jaillissent des fontaines de manière impromptue, tandis que le géant Encelade disparaît dans les eaux au terme d'une lutte zébrée d'éclairs, digne d'un péplum hollywoodien. Avec la Sérénade royale, le visiteur est convié à un bal dans le château, au soleil couchant. Les plus fortunés peuvent même assister, à l'Orangerie, à un bal costumé, jusque tard dans la nuit, au son du menuet. La fête, à cause de son prix sans doute, me donne des envies de provocation : voir toutes ces marquises dont seuls les diamants sont vrais déguster des cocktails en écoutant les blandices de Casanovas aux catogans décatis me semble aussi ridicule que de mauvais goût. Pour un peu, j'irais déguisé en gueux, ou bien en arbre, en souvenir, bien sûr, de Louis XV, qui conquit Madame de Pompadour costumé en if.

Tous les fantômes ne sont pas noctambules, certains préfèrent la lumière, comme Marie-Antoinette : enfin, c'est de son temps, car le siècle des Lumières est aussi celui de nombre d'illuminés. Quand Voltaire écrit, contre le fanatisme et la superstition, « Écrasons l'Infâme », c'est qu'il y a du travail ! Même Madame de Pompadour, son amie, esprit éclairé et avisé, elle qui lui a fait obtenir le titre d'historiographe du roi auprès de Louis XV, consulte les astrologues. L'un d'eux fut aussi prudent que visionnaire puisqu'il aurait déclaré : « Sire, votre règne est célèbre par de grands événements, celui qui le suivra le sera par de grands désastres. »

À Paris, quai Malaquais, la marquise d'Urfé communique régulièrement avec les esprits. Riche et crédule, celle que la marquise de Créquy décrit comme « la plus opiniâtre des alchimistes et la plus déterminée souffleuse de son temps » organise des soirées occultes où la bonne société européenne trinque avec génies et sylphes. Lorsque la communion spirituelle n'est pas possible, celle-ci est remplacée par des plaisirs bien charnels. Casanova en fit les frais. Lui qui croyait dur comme fer pouvoir escroquer la marquise se retrouva fort dépité (le mari, Louis-Christophe de Lascaris d'Urfé de La Rochefoucauld, ayant laissé la marquise veuve, et riche, à vingt-deux ans) lorsqu'il se voit demander de faire un enfant à la vieille marquise lors d'une cérémonie joliment intitulée « triolisme magique ». Même les forces

L'esprit du siècle

obscures ne parvinrent pas à lui permettre de mettre enceinte la momie de plus de cinquante ans qui ouvrait les clefs de son coffre aussi vite que ses bras décharnés.

Un peu plus tard, place Vendôme, la bourgeoisie se presse dans le cabinet du docteur Mesmer, l'homme qui se fait fort de guérir tous les maux, surtout lorsqu'ils sont imaginaires, grâce à sa théorie du « magnétisme animal ». Devant le savant vêtu de soie violette, les patients sont immergés dans une bassine de chêne munie de branches de fer que les malades doivent appliquer, au son du pianoforte, sur les points qui les font souffrir. Si la torture s'avère insuffisante, ils ont droit à un grand verre de limonade assaisonnée à la crème de tartre. La pratique est vue d'un mauvais œil par l'Académie des Sciences qui l'examine avec circonspection :

« L'homme qui magnétise a ordinairement les genoux de la malade renfermés dans les siens. La main est appliquée sur les hypocondres et quelquefois plus bas sur les ovaires, il passe la main droite derrière le corps de la femme. L'un et l'autre se penchent pour favoriser ce double attouchement. La proximité devient plus grande, le visage touche le visage, les haleines se respirent, il n'est pas extraordinaire que les sens s'allument, le visage s'enflamme par degrés, l'œil devient ardent, et c'est le signal par lequel la nature annonce le désir, les paupières deviennent humides, la respiration est courte, entrecoupée, la poitrine s'élève et s'abaisse rapidement. Les convulsions s'établissent. » Si le mesmérisme choque la communauté scientifique, c'est parce qu'il atteint la morale publique ! La description s'achève, magnifique, par : « Le souvenir n'en est pas désagréable. »

Non loin, hôtel d'Évreux, Bathilde d'Orléans a repris le flambeau, et la demeure, laissée par Madame de Pompadour pour qui le bâtiment avait été édifié. L'illustre descendance des ducs d'Orléans y tient un salon très coté : on y croise tout le gratin chiromancien, le magnétiseur Mesmer, Catherine Thiot et ses obscurs oracles, Suzette Labrousse qui n'hésite pas à se maquiller avec de la chaux ou à se gargariser à « l'eau de fiel de bœuf » pour se faire remarquer, sans compter les spectres d'Henri IV ou d'Aliénor d'Aquitaine. Jamais autant d'esprits n'ont été rassemblés à une même table !

Ne rions pas trop fort : la France doit beaucoup à Bathilde : à la Révolution, l'illuminée rencontre une nouvelle entité, la République, se fait baptiser « citoyenne Vérité » et offre en guise de gage de bonne foi au nouveau régime l'ancien palais de la favorite, l'Élysée.

L'esprit du siècle

Revenons à Versailles ! Dès sa construction, le domaine abrite des revenants. Le plus ancien s'est manifesté dès 1695. Le plâtre est encore frais que déjà le château est hanté. Louis XIV est dans sa chambre, seul, cherchant le sommeil. Les courtisans du petit coucher sont partis doucement : pas et murmures ont quitté la pièce, le seul bruit est celui des draps de soie lorsque le souverain étend ses jambes pour trouver le sommeil. Il flotte un parfum de cire tandis que les lustres et le baldaquin du lit dessinent des arabesques menaçantes dans la pièce. Émergeant de toutes ces ombres, une lueur pâle et froide se penche sur le visage du monarque, le caresse puis lui reproche, d'une voix aiguë, de l'avoir bien vite oubliée, de lui préférer, alors qu'il lui avait juré un amour éternel, cette vache de Montespan et cette guenon de Maintenon. À demi éveillé, Louis XIV reconnaît le spectre qui le harcèle : Marie-Angélique de Fontanges, morte quinze ans plus tôt. Le monarque doit au plus vite répudier sa favorite pour alléger sa future peine au purgatoire. C'est là qu'ils doivent couler quelques millénaires heureux, réunis enfin dans l'Au-delà. Que fit le souverain ? Rien, il garda Maintenon, car elle lui avait promis le paradis, seul lieu où il pouvait être certain de ne rencontrer aucune de ses anciennes maîtresses.

Vice et Versailles

Que certaines femmes peuvent être rancunières ! Les esprits le sont aussi, car, passé l'échec du fantôme Fontanges, ils boudent la résidence royale. En effet, les apparitions ont délaissé Versailles jusqu'au XIXe siècle. Pourtant, abandonné pendant plusieurs années après la Révolution, livré à la végétation et aux animaux, le domaine était un refuge idéal pour les morts d'un autre temps. Lorsqu'en 1837 le roi Louis-Philippe décide de faire des lieux un musée, c'est pour sauver le domaine de la ruine. Malgré ses efforts, le palais périclite. J'ai en ma possession une carte postale représentant le hameau en 1900 : accablé par la mousse, dévoré de lichen, l'édifice ressemble à une épave échouée dans le silence d'un fond marin. Contrairement à aujourd'hui, le photographe ne dut pas avoir grande difficulté à prendre sa photo : hormis les poissons du plan d'eau recouvert de nénuphars, pas âme qui vive. Le pire est que dans les années 1920, les gardiens sont des rescapés de la Première Guerre mondiale : ce sont des gueules cassées, plus terrifiantes que des spectres, qui surveillent les jardins. Les morts-vivants du parc sont alors bien de ce monde.

Dans ces conditions, je m'étonne que les défunts de la cour n'aient pas davantage goûté l'horrible quiétude des lieux : pour ma part,

L'esprit du siècle

j'aime à hanter le Hameau le lundi, jour de sa fermeture, lorsque je suis sûr de n'y croiser personne. Gageons qu'aux fantômes courtisans il faut davantage de confort ou bien qu'ils sont trop cabotins pour se contenter, en guise de spectateurs, d'un parterre de renards et de grenouilles !

Auparavant, Marie-Antoinette avait toutefois fait beaucoup pour rappeler quelques fantômes au château : un salon leur fut même spécialement dédié, à l'étage noble du Petit Trianon. Je connais bien l'endroit : il s'agit d'un délicieux boudoir, tout en boiseries bleues et en décor floral. Les parois de la pièce possèdent des panneaux permettant d'en occulter les fenêtres. Un claquement de doigts et c'est le noir absolu. Marie-Antoinette l'avait fait aménager pour y invoquer les esprits. Les mauvaises langues prétendent qu'elle s'en servit pour recevoir ses amants. De fait, c'est là qu'elle resta « en quarantaine » avec deux ducs, un comte et un baron en guise de « valets toucheurs » à la Mesmer, qui fut son protégé jusqu'en 1784.

Nul doute selon moi que la reine ait eu un penchant pour l'occultisme : elle est si crédule. Elle a des excuses : l'éducation des filles, même des reines, est loin d'être poussée, malgré de récents progrès. On lui a à peine appris le français, mais grand soin fut donné à son thème astral. L'impératrice Marie-Thérèse, sa mère, fit venir le fameux curé Gassner, guérisseur et médium à ses heures. À propos du règne de la jeune femme, l'oracle de Kloesterle aurait déclaré : « Il est des croix pour toutes les épaules. » Plus tard, Madame Campan relatera dans ses *Mémoires* : « Au moment où cette princesse, entrant pour la première fois dans les cours du château de Versailles, mit le pied dans la cour de marbre, un violent coup de tonnerre ébranla le château : présage de malheur ! s'écria le maréchal de Richelieu. » C'est peut-être pour fuir cette accumulation de présages que la reine s'exila à Trianon.

Elle n'y fut guère plus en paix : la malédiction ne fit que croître et embellir. Son lit demeure stérile pendant plus de huit ans et, lorsqu'enfin elle donne au pays un héritier, la naissance est célébrée le 21 janvier 1782, soit onze ans avant la mort du roi. À Trianon l'esprit des Lumières a vite fui. En ces dernières années de monarchie, il y règne une atmosphère lugubre, crépusculaire, funèbre, que ni les mesures politiques, ni les fleurs du jardin à l'anglaise ne savent alléger. Celui-ci prend des allures de tombeau à ciel ouvert. Il ne s'y plante que des ruines, celles que Mique propose d'édifier à côté du Hameau en 1788.

L'esprit du siècle

Même le printemps ne parvient pas à égayer les lieux. Madame Campan raconte. Le 5 mai au soir dans le cabinet de la reine, « une bougie s'éteignit d'elle-même, je la rallumai, bientôt la deuxième, puis la troisième s'éteignirent aussi » ; alors la reine, lui serrant la main avec un mouvement d'effroi, lui dit : « Le malheur peut rendre superstitieuse ; si cette quatrième bougie s'éteint comme les autres, rien ne pourra m'empêcher de regarder ce signe comme un sinistre présage. » Évidemment, la bougie s'éteint et la reine reste livrée à son angoisse.

On dit que les lieux gardent la mémoire des événements qui s'y sont déroulés : je ne l'aurais jamais cru, si je n'avais constaté que la grotte de Marie-Antoinette est le lieu de toutes ses apparitions fantomatiques. La reine n'est pas morte à Trianon, mais son fantôme y est retourné, dit-on. En 1870, un enfant y voit passer une chasse à courre conduite par une élégante dame blonde. Ses parents vont le coucher en le rassurant, mais dans leur for intérieur demeurent persuadés qu'il s'agit de la reine.

Le plus extraordinaire s'est produit un beau jour d'été 1901 : je ne cesserai jamais de me passionner pour deux femmes. Deux vieilles filles, je m'empresse de le dire, deux Anglaises en goguette qui ont croisé dans un Trianon qui n'existe plus le diable et son train, c'est-à-dire toute la cour et sa suite. Elles rencontrent d'abord deux jardiniers en tricorne et livrée verte, puis un mystérieux individu, dont le visage, décrit par elles comme vérolé et sombre, c'est-à-dire terreux et portant les signes de la putréfaction, leur recommande d'écarter leurs pas. Mais, munies d'une curiosité toute féminine, les deux institutrices ne rebroussent pas chemin et, à l'entrée de la grotte, se retrouvent nez à nez avec une femme frêle au visage maussade, vêtue, à la mode du temps, de gaze et de soie verte, dessinant sans grand talent sur un chevalet transparent. L'évanescente porte « un chapeau de soleil blanc, perché sur d'épais cheveux blonds qui bouffaient sur son front. Sa légère robe d'été était drapée sur les épaules à la façon d'un fichu [...]. Sa robe avait la taille basse et beaucoup d'ampleur dans la jupe qui semblait courte. Je pensai que c'était une touriste mais que sa robe était démodée et insolite [...]. Je la regardai en face ; mais un sentiment indescriptible me fit me détourner, contrariée par sa présence[1] ».

Je reste sceptique face aux propos des deux Anglaises, pour une bonne raison : le fantôme de

---

1. C.A.E. Moberly et E.F. Jourdan, *Les Fantômes de Trianon*, Paris, Le Rocher, 1978.

L'esprit du siècle

la reine est d'ordinaire beaucoup plus enjoué, voire loquace. En 1939, lorsqu'un jeune garçon affirme s'être entretenu avec le spectre royal, il loue sa beauté, son accueil et les délices d'une conversation à la tonalité étrangère et si charmeuse. Si le jeune garçon ne fut hélas pas le seul à succomber à l'accent germanique pendant la guerre, l'avoué londonien qui en 1955 fit la rencontre sur le chemin du Hameau d'une dame en robe jaune accompagnée de deux hommes en livrée ne saurait être accusé d'antipatriotisme. L'accueil froid réservé aux deux Anglaises n'est pas si étonnant : la souveraine a voulu se moquer des deux bigotes. En effet, le spectre de Marie-Antoinette est du genre farceur. Un matin – voilà une nouvelle preuve que la reine est une apparition matinale –, l'artiste alsacien René Kuder peint tranquillement dans la bergerie, lorsque se dresse devant ses yeux une femme magnifique, tenant à la main sa propre tête ! Le brave homme en perd la sienne : un jardinier le retrouve gisant sur le sol, inanimé, quelques heures plus tard.

Je fus invité à participer il y a une dizaine d'années à une émission consacrée aux fantômes de Versailles. Mireille Dumas, la présentatrice, avait convié sur le plateau une surveillante du musée de Versailles, une femme délicieuse et passionnée par son métier. Celle-ci déclara le plus sérieusement du monde qu'elle conversait régulièrement avec un dénommé Philippe, jardinier de feu la reine Marie-Antoinette. Mort quelques années après la souveraine, il avait depuis trouvé refuge dans un placard à balais sous l'escalier qui mène à l'étage du Petit Trianon ! Chaque matin, à sa prise de service, notre intervenante s'entretenait avec lui et semblait apprécier ce contact pour le moins inhabituel. Bien que sceptique, je ne pus m'empêcher d'inspecter le petit local. Je n'y ai trouvé que de la poussière.

Si je n'ai pas énormément de sympathie pour Marie-Antoinette, j'en garde beaucoup pour son fantôme : une morte qui choisit de passer l'éternité dans le parc, peint des arbres et se laisse voir en compagnie de jardiniers, je ne peux que l'adorer, mais ils sont déjà beaucoup trop nombreux à le faire. C'est pour cette raison que, si je devais offrir à la reine un bouquet, ce ne serait pas des roses, trop fragiles – même non coupées elles semblent prêtes à faner –, ni des myosotis, petits, nostalgiques, ni encore des lis entêtants, mais un bouquet de branchages, forts, colorés, un peu biscornus, issus du grand amour que nous partageons, le jardin de Trianon.

CHAPITRE 11

Dérobades

Il est huit heures trente, le jeune Louis XVI en a terminé avec la chaise d'affaires. Depuis une demi-heure, lorsqu'une horloge parlante en chair et en os, son valet, lui a susurré à l'oreille « Sire, il est l'heure », le personnel s'agite autour de lui. Tout est « grand » puisque nous sommes au grand lever : grand aumônier, grand veneur, grand louvetier, grand chambellan et bien sûr grand maître des cérémonies viennent saluer le monarque, suivis par les ministres et quelques conseillers d'État chargés de tenir le souverain informé des problèmes du jour.

Le cérémonial, qui a tout du calvaire, a pourtant été considérablement allégé depuis Louis XV. Surtout, il n'a plus lieu tous les jours. Il faut faire vite car, à la porte, l'huissier a du mal à contenir la foule des courtisans venus de partout, des résidences royales aux environs de Versailles et de province, qui guettent comme des prédateurs le moment où ils pourront, enfin, saluer le monarque. En tout, une bonne cinquantaine de personnes s'engouffrent dans la chambre du Roi. Même aux Journées du Patrimoine, il n'y a jamais autant de monde !

Ce n'est pas un réveil, c'est un cauchemar, une invasion barbare, matinale et malodorante. Certains attendent depuis la veille et n'ont pas pris la peine de sortir dans les jardins pour se soulager : un rideau, un escalier a fait l'affaire. Derrière les escaliers en colimaçon ce sont des colombins qui s'accumulent, les chinoiseries, pleines d'urine, servent autant de vase que de pot de chambre. À cela s'ajoutent les effluves redoutables émanant des bottes de cavaliers qui ne se sont pas déchaussés depuis des lustres ainsi que les forts fumets des vaches et des chèvres portées dans les chambres des dames ne dégustant qu'un lait très frais. Le stade de France après un concert ou un match international est moins sale. Versailles est si dégoûtant que, tous les ans, la cour quitte le domaine pour Fontainebleau pendant plusieurs jours afin que soient nettoyées les royales écuries d'Augias.

Dans un tohu-bohu de taffetas et d'éventails, qui ne devaient pas être inutiles les matins de chaleur, l'huissier aboie des noms à rallonge, dont certains feraient d'excellents exercices de

Dérobades

diction, les Maupeou, et les Corbeyran de Foix, les Dreux-Brézé, les Courtavel de Pezé, viennent s'incliner devant celui qui, malgré sa physionomie joviale, souhaite alors se faire appeler « Louis le Sévère ». Tout un coup, un silence : Dreux-Brézé, le grand maître de cérémonie, claironne : « Mesdames, Messieurs, des vide-goussets sont susceptibles d'agir dans cette pièce, veuillez veiller à vos effets personnels. » L'annonce est faite en français et en latin, et trois comtesses de s'évanouir.

Voilà ce à quoi je songe, lorsque je vois se presser les visiteurs dans le château tandis que les lancinants haut-parleurs rappellent, en trois langues, et malheureusement plus en latin, que des pickpockets, mot aussi laid qu'international, ont été signalés dans le domaine. Tout se vole à Versailles, depuis longtemps. Si certains courtisans hésitent à partir avec la royale vaisselle à la fin du dîner, ce n'est pas l'honneur qui les retient, mais la rumeur. Je serais même tenté de croire que les statues du parc ne doivent leur salut qu'à leur aspect monumental : elles sont trop lourdes pour être emportées.

Le domaine est l'objet de toutes les convoitises. Les grilles gracieuses qui le ceignent n'y font rien : sous Louis XIV, le château est ouvert aux marchands, libraires, parfumeurs, horlogers... Ils s'installent sur les paliers. Il y a même dans les salons des mendiants. En 1700, Louis XIV ordonne à 50 gardes suisses de « prendre les gens qui gueusaient et de les conduire à l'hôpital général ». Autour du roi, la cohue est telle que Louis XVI se fait dérober l'une des tabatières qu'il affectionne.

Quelques vols sont restés gravés dans les mémoires. En 1699, les caparaçons et les housses disparaissent des Grandes Écuries. Un peu plus tard, Saint-Simon relate dans ses *Mémoires* la drôle d'affaire des franges d'or ainsi que le curieux dénouement dont il fut le témoin : « Le grand appartement du Roi était meublé de velours cramoisi, avec des crépines et des franges d'or. Un beau matin, elles se trouvèrent toutes coupées. Cela parut un prodige dans un lieu si passant tout le jour, si fermé la nuit et si gardé à toutes heures. Bontemps[1], au désespoir, fit et fit faire toutes les perquisitions qu'il put, et toutes sans succès. Cinq ou six jours après, j'étais au souper du Roi ; il n'y avait qu'Aquin, premier médecin du Roi, entre le Roi et moi, et personne entre moi et la table. Vers l'entremets, j'aperçus je ne sais quoi de fort gros et de fort noir, en l'air sur la table, que je n'eus pas le

---

1. Le valet en charge de l'intendance du château.

Dérobades

temps de discerner, devant l'endroit du couvert de Monsieur et de Madame, qui était à Paris. » Devant l'objet tombant non identifié, Louis XIV se serait exclamé, laconique : « Ce sont mes franges. » Y aurait-il des souris dans le palais du monarque, autres que les jolies demoiselles de la cour ? Ce qui est sûr c'est que le rat d'hôtel ne fut jamais découvert, ni les franges retrouvées. Le marquis de Sourche quant à lui déplore les constants vols de chandeliers. Mais le roi lui-même, exemple pour chacun, n'est-il pas parfois contraint de faire des économies de bouts de chandelle ? Lors de la guerre de Neuf Ans, Louis XIV, en manque de subsides, ordonne la fonte d'une partie du mobilier d'argent. Les courtisans sont atterrés, non par la perte de ces œuvres d'art, mais parce que le souverain les enjoint à agir de même : ce sont ainsi des trésors d'orfèvrerie, dessinés par Le Brun, qui disparaissent, à l'hôtel de la Monnaie. Les guerres ont le pouvoir de transformer le métal en sang.

Dans le parc, la situation n'est guère meilleure, car les braconniers prospèrent plus que les animaux. Louis XIV, qui avait interdit de les punir, est contraint de les faire chasser : mieux vaut des rongeurs que des voleurs. Il est aussi difficile de se débarrasser des uns que des autres. Les braconniers ne tardèrent pas à revenir dès que

Vice et Versailles

Versailles fut déserté. L'un d'eux, bien plus tard, est même resté fameux. Nous sommes sous Napoléon et le château est devenu la résidence de l'empereur qui l'habite de temps à autre. Liart, taupier de profession, arrondit ses fins de mois non seulement en chassant les animaux mais en attirant une autre espèce de mammifères, moyennant force filles et liqueurs, dans son logement qu'il a transformé en cabaret. Le jardin est envahi non plus par les taupes, mais par les tapineuses. Il est délogé de nuit après que l'empereur s'est retrouvé nez à nez avec l'une d'entre elles.

S'il y a bien une chose qui survit à tous les changements de régime, c'est le vol. Aigrefin, vide-gousset, bandit, brigand, escroc, filou, forban, fraudeur, malfaiteur, maraudeur et pillard, empileur, estampeur, faisan, fripouille, margoulin, rat d'hôtel, tire-laine, fripon, monte-en-l'air, autant d'expressions aux sonorités désuètes, autant de manières de nous rappeler que la maraude est éternelle. Pour tous ces malandrins, le domaine de Versailles est un paradis, une véritable manne royale. Dès la construction du château, des loueurs de chapeaux et d'épées habillent le fripon souhaitant prendre des allures nobles et mieux voler son prochain. Le drôle est qu'aujourd'hui certains se font pas-

Dérobades

ser pour des fonctionnaires du parc afin d'avoir accès aux bosquets fermés au public. J'ai ainsi eu la chance de rencontrer un autre moi-même m'ordonnant d'un ton comminatoire de lui ouvrir le moulin, l'une des maisonnettes du Hameau fermées au public.

Si j'ignore le nom de mon sosie malchanceux, quelques bandits versaillais sont passés à la postérité. Peu après la mort de Louis XIV, Cartouche et sa bande détroussent les carrosses en route pour le domaine. On pourrait croire que c'est un moindre mal, puisque le Régent, avec la cour, a quitté la demeure du Roi-Soleil, il n'en est rien : le domaine est transformé en musée et l'on s'y presse. Pour ce faire, il faut passer sous les fourches caudines de la bande de Louis Dominique Garthausen, aux noms aussi bariolés que les synonymes de « voleurs », la Grande Jeanneton, Marie-Antoinette Néron, Gruthus ou Jacques Tanton, de Marcant ou Balagny, les neveux du Régent lui-même ! Si le visiteur arrive à bon port, il lui faut encore payer les faux guides qui sévissent, comme aujourd'hui, dans le château.

Il faut dire que la filouterie est dans l'air du temps : le Régent lui-même et, avec lui, tout le pays, s'est fait escroquer par un Écossais aux théories modernes, John Law. Law avait pourtant tout pour inspirer confiance : il a été condamné à la pendaison en Angleterre, il a étudié les jeux de cartes et d'argent à Venise, il prétend être le propriétaire d'un merveilleux domaine en Louisiane (en réalité une étendue de marécage et de crocodiles dont il ne fait rien) et son nom signifie « droit » en anglais ! Si Louis XIV s'était méfié de lui, Philippe d'Orléans en a fait le premier économiste de France. L'aventurier lui a vendu une idée, de génie, remplacer l'or par du papier afin de favoriser le commerce. Le Régent l'autorise à fonder la première Banque de France. Le Régent, il est vrai, n'a plus rien à perdre : l'État est endetté à hauteur de 3,5 milliards de livres, les recettes des impôts des deux prochaines années sont déjà dépensées. L'homme n'était pas forcément un mauvais bougre, mais son système ne prend pas : en masse les titulaires de titres réclament leur équivalent en or et en argent, qui n'existe nulle part. Law s'enfuit, laissant le Régent sur un tas de papiers sans valeur : grâce à Law, le pays apprend que l'on peut avoir moins que rien.

Les grands esprits se rencontrent. Cartouche a ses entrées auprès du Régent et de Law : ils ont fait affaire, c'est-à-dire qu'ils se sont volés. Une anecdote m'amuse : lorsque Cartouche tente de dérober une épée que le Régent souhai-

Dérobades

tait offrir, il s'aperçoit que celle-ci est fausse. Il signe son crime avec la note suivante : « Au premier voleur du royaume, qui a tenté de faire tort à Cartouche, son confrère. » Plus tard, il subtilise près de 1 300 000 livres d'actions du système de Law. Une question demeure : du noble gouvernant, du bourgeois ou de l'homme du peuple, qui a trompé l'autre ?

Tout cela n'est que fredaines à côté de l'histoire qui se déroule quelques années plus tard à Versailles. Cette fois ce n'est pas un régent qui est en jeu, mais un roi, ce n'est plus un bourgeois, mais un ecclésiastique, le voleur est une voleuse et elle n'est autre qu'une protégée de la reine elle-même. Le cardinal de Rohan-Soubise a la réputation d'être un homme à « bonnes fortunes », c'est-à-dire un truand. Il n'a qu'une ambition : montrer que l'on peut être cardinal tout en bafouant les vœux de chasteté et de pauvreté. Il multiplie les affaires de cœur et les affaires tout court. Toutefois, le Don Juan en robe de pourpre s'est vu infliger un camouflet par la reine. Marie-Antoinette n'a ni goût pour l'habit, ni l'esprit à la religion. La mécréante résiste au charme du prélat. Pire, elle lui bat froid depuis des mois, mais le cardinal a beaucoup de péchés mignons. Parmi eux, l'orgueil. Alors, quand Madame de La Motte lui assure que la reine brûle pour lui et lui propose un rendez-vous secret dans les jardins, le grand aumônier de France n'a pas de doute : qui refuserait une partie de confesse avec son éminence dans les bosquets, un beau soir d'été ? C'est ainsi qu'il conte fleurette à une grisette du Palais-Royal, dont le plus grand talent est d'être le sosie de Marie-Antoinette. En public cependant, la reine continue de l'ignorer. Quelques mois plus tard, la comtesse de La Motte lui assure que c'est parce qu'il ne la chérit pas assez, qu'un petit cadeau, par exemple le somptueux collier que les joailliers Boehmer et Bassenge ont créé pour Madame du Barry, amadouerait la belle. Que sont 1 600 000 livres à côté d'un sourire de nacre ! Rien, surtout lorsqu'ils sont payables en quatre fois sans frais ! Le cardinal n'a pas un sou vaillant, mais ne s'embarrasse pas de viles considérations pécuniaires : de toute façon il s'estime trop rusé pour payer qui que ce soit. En effet, le ladre amoureux a un plan : servir de prête-nom et laisser Marie-Antoinette éponger les dettes. C'est bien mal connaître la reine, et les finances du royaume ! Le couple royal a depuis quelque temps des fins de mois difficiles et il est peu plausible que la reine désire porter un collier à la mode d'antan, qui plus est dessiné pour son ennemie jurée, Madame du Barry, qu'elle a

Dérobades

contrainte à quitter le château de nuit, à peine Louis XV enterré. Mais l'amour, ou l'ambition, a rendu le cardinal aveugle. Il signe une traite qui n'est qu'un faux grossier tandis que la comtesse de La Motte et son mari empochent le joyau avant de disparaître en Angleterre.

L'alerte est donnée en août 1785, lors de la première échéance. Bœhmer et Bassenge réclament leur pécule, sous la forme d'un compliment poli mais comminatoire. La reine dément et le cardinal se retrouve accusé d'escroquerie doublée de lèse-majesté ! En pleine galerie des Glaces, il est arrêté devant une cour ébahie, et ravie. L'ecclésiastique est embastillé, avant d'être innocenté par le Parlement de Paris. Le mal est fait, la rumeur s'enflamme contre Louis XVI et son épouse.

J'ai de nombreux vices, dont l'honnêteté : passe-droits et privilèges m'indisposent. Pour moi il n'y a ni Robin des bois ni gentleman cambrioleur : il n'y a que des truands qui rapiècent leur honneur avec la faveur d'autrui. Je manque sans doute de panache, c'est mon côté émissaire de la République. Tout juste puis-je tolérer les quarterons de retraitées qui viennent tous les ans refaire leurs jardinières avec les plantes des parterres de Trianon, car les fleurs sont à tout le monde.

Vice et Versailles

Voilà pourquoi je déteste 1789. Après la fuite de la famille royale, le domaine est mis à sac : le plomb des fontaines, les serrures, les fenêtres, les arbres, tout est emporté. Les moutons de Marie-Antoinette sont égorgés, les arbres finissent sur l'échafaud, découpés en rondins pour faire du bois de chauffe. Je ne vois là rien de révolutionnaire : ce sont à mes yeux des pratiques de vandales, vieilles comme le monde. La liberté a bon dos : si les sans-culottes ouvrent les cages de la ménagerie, c'est pour dévorer les lions et les autres bêtes, non pour les délivrer. C'est ainsi que pendant quelques jours Versailles est transformé en savane, où se pavanent autruches, lions et perroquets. Le triste est qu'ils finissent bientôt dans les assiettes de leurs libérateurs.

Une fois le château pillé, le parc dévasté, les portes scellées, le domaine s'ensauvage. Certes, il n'est pas abandonné : sont présents quelques membres du personnel et des nouveaux venus, chargés d'assurer la garde du palais, mais qui aspirent davantage à leur salut personnel. Comme je les comprends ! En cette période meurtrière, Versailles est, pendant quelques années, un havre de paix. On y trouve de tout, même des légumes grâce à Antoine Richard, mon auguste prédécesseur à Trianon. En effet, en 1794,

Dérobades

lorsque le château est menacé de destruction, Richard a l'idée de transformer le parc en potager. Les révolutionnaires les plus fanatiques ont beau hurler *Versallia delanda est*, la crainte de la famine est la plus forte et la proposition de Richard est acceptée.

Tandis que le canon tonne dans la capitale, le personnel profite enfin du domaine qu'il servait sous la monarchie, notamment en ce qu'il a de plus royal, sa quiétude. Ce moment de grâce ne dure guère : en 1793 la majeure partie du personnel est chassée. Ne restent qu'une dizaine de balayeurs, frotteurs et gardiens, qui font trafic des clefs. Celles-ci circulent de main en main tandis que le plus grand relâchement s'installe. Versailles prend des allures de ville minière abandonnée, une fois le filon épuisé. On lave le linge dans les bassins, la nuit le parc est envahi par des « conductrices » qui racolent, le jour, de faux guides font visiter un château qui se couvre de poussière. L'inspecteur Le Roy, qui a le domaine sous sa juridiction, déplore en 1794 l'état du château dans lequel règne « une saloperie sans bornes ». Versailles est redevenu un marais puant.

Aujourd'hui je suis scandalisé que certains fonctionnaires ayant la chance d'habiter Versailles n'aient pas conscience de leur privilège.

Vice et Versailles

Je me souviens notamment que, il y a quelques années de cela, lorsque fut ouverte au public l'aile présidentielle, occupée naguère par de Gaulle, il fallut une intervention directe du président de la République pour que soit restitué le bureau du Général. Le meuble était chez un conseiller d'État qui refusait de s'en séparer. Sans doute le garant de l'intégrité de la République considérait que la conservation faisait partie de sa mission.

Il ne s'agit pas d'une question de revenus. Il fut un temps où je pensais que c'étaient les indigents qui volaient les légumes du Hameau. Je fus bien déniaisé lorsque j'appris que le pauvre hère que je prenais pour un mendiant tant il était crasseux était en réalité un banquier fortuné résidant avenue Mozart, l'une des adresses les plus chics de la capitale.

Je me réconforte en pensant que le plus grand trésor du Parc est la beauté de ses arbres et l'histoire qui est inscrite dans leur bois.

CHAPITRE 12

Calomniez, il en restera toujours quelque chose

Est-ce parce que j'habite la maison de Molière ? J'ai le plus grand respect pour le métier de comédien, à condition qu'il soit bien exercé : rien n'est si racoleur que l'absence de talent mise en scène. Il ne souffre pas la médiocrité faute de quoi c'est le spectateur qui souffre.
Une jeune et pétillante débutante s'est fait remarquer au nouveau théâtre de Trianon : « Sa manière de jouer est noble et pleine de grâce », écrit, entre autres, le comte de Mercy-Argenteau, l'ambassadeur d'Autriche à Paris. Il y a fort à parier que ce ne soit ni pour son art, ni pour son physique d'ailleurs, que la jeune femme est ainsi louée, mais pour sa condition : la jeune première n'est autre que la reine Marie-Antoinette. L'épouse de Louis XVI, à défaut de brûler les planches, a été piquée par le démon de la scène, depuis longtemps. Dès son arrivée

Vice et Versailles

sur le trône, la souveraine a fait bâtir des théâtres partout : outre la grande salle d'opéra, servant aux cérémonies solennelles, le théâtre aujourd'hui disparu de la cour des Princes, et, en 1785, le théâtre pour l'ordinaire de la cour dans l'aile Neuve, au pied de l'escalier Gabriel, des salles sont installées dans les orangeries de Versailles et de Trianon. Il est vrai que le théâtre, c'est un peu la télévision de l'époque : tout le monde regarde et chacun, en secret, rêve d'y participer. À part peut-être Antoine Richard, le jardinier de Trianon, qui peste car il lui faut sortir à l'air libre des cultures souvent délicates et sensibles à la pluie ou au vent chaque fois qu'ont lieu les divertissements de l'Orangerie. Aucune contrainte naturelle ne doit empêcher la magie des spectacles ! Ainsi, lorsque Marie-Antoinette est alitée avant de donner naissance à son premier enfant, des comédiens sont priés de venir jouer sur le pas de sa porte. La reine de France se doit d'avoir la télé dans sa chambre.

À Versailles, à Marly, à Choisy, la souveraine assiste à plusieurs représentations par jour. Le reste du temps, elle répète, avec les *coachs* du XVIIIe, c'est-à-dire les maîtres de chant, de musique, de danse et le comédien Dazincourt. Pendant ce temps, à Vienne, sa mère, l'impéra-

Calomniez, il en restera...

trice Marie-Thérèse, se mord les doigts d'avoir fait donner des cours d'art dramatique à sa fille pour améliorer sa diction française, allant jusqu'à mander des émissaires espions chargés de surveiller, entre autres, les progrès de la carrière de la jeune reine. L'impératrice est inquiète. Elle n'a pas tort.

C'est que depuis Molière, la réputation des acteurs ne s'est guère améliorée. L'histoire est bien connue : il fallut l'intervention directe de Louis XIV pour que l'auteur de *Tartuffe* ait droit à une sépulture ecclésiastique, à la condition que l'inhumation se passe de nuit et sans cérémonie. Sous Louis XVI, si l'Église tolère des messes discrètes, officiellement les comédiens n'ont toujours pas droit à une sépulture. Les actrices ont un privilège supplémentaire, être considérées comme des prostituées. Une reine, sur scène, c'est le monde à l'envers : non seulement les courtisans, mais aussi le peuple en sont tout retournés.

En outre, les rôles tenus par Marie-Antoinette n'ont rien de royal. Est-ce que, faute de talent, elle préfère se cantonner à des seconds rôles, ou bien que, noble, elle ne rêve que d'une chose, être une femme du commun ? Toujours est-il que, la plupart du temps, elle incarne des servantes ou des paysannes. Plus d'un a été étonné

Vice et Versailles

de voir la reine de France broder des manchettes pour un valet ou de l'entendre soupirer : « Nous autres paysans, nous nous plaignons sans cesse. »

Elle a toutefois un admirateur fidèle dans la salle, en la personne du roi. Louis XVI, qui apprécie l'humour troupier, s'esclaffe en voyant son épouse recouverte de crottin de carton-pâte dans *On ne s'avise jamais de tout,* une farce de Sedaine, ou adopter les accents grossiers du parler paysan dans *Le Sabot perdu.* Tous ces « Monsieux », ces « queuque chose », ces « testigué », ces « ventrequé » et autres « morquenne » réveilleraient même les ardeurs du souverain qui, à l'entracte, irait exercer son droit de cuissage sur la gueuse souveraine.

Tous ne voient pas d'un si bon œil ces petits jeux royaux. La bise, aigre, de la calomnie, doucement s'est mise à souffler. Bien sûr chacun fait éloge du talent de la reine, mais sur sa nuque, imperceptiblement « un bruit léger murmure ». Marie-Antoinette a décidé que les spectacles ne se joueraient qu'à guichets fermés, devant un parterre d'amis, changeant au gré de ses faveurs. Les courtisans exclus et jaloux n'ont pas assisté au spectacle, mais ils s'empressent de médire ; d'autres, les élus, se dépêchent d'applaudir, car, dès qu'ils sont sortis, ils plaisantent de tel ou tel acte « royalement mal joué ». Certains préfèrent

Calomniez, il en restera...

tout bonnement bouder l'accueil trop simple de ces majestés éprises de naturel. Le duc de Lévis, dont l'histoire ne dit pas s'il était convié aux spectacles, raconte : « Le dimanche seulement, les personnes présentées pouvaient, quelques instants, voir les princes. Mais elles se dégoûtèrent, pour la plupart, de cette inutile corvée dont on ne leur savait aucun gré. Elles reconnurent à leur tour qu'il y avait de la duperie à venir de si loin pour n'être pas mieux accueillies et s'en dispensèrent... Versailles, ce théâtre de la puissance du pouvoir, sous Louis XIV, où l'on venait avec tant d'empressement de toute l'Europe prendre des leçons de bon goût et de politesse, ne fut plus qu'une petite ville de province où l'on n'allait qu'avec répugnance, et dont on s'enfuyait le plus vite possible. »

Marie-Antoinette s'en doute peut-être mais elle s'en moque : elle est à la recherche du vrai public, populaire, innocent, enfin rousseauiste, celui qu'elle a rencontré dans ses lectures ou dans les comédies, bluettes et idylles qu'elle fait régulièrement monter, et dont elle ne voit pas les dangers comme *Le Devin du village* ou pire, *Le Mariage de Figaro* auquel elle a évité la censure. Elle a le malheur d'inviter les suisses de la garde royale à une représentation. Non seulement la malheureuse se fait siffler, mais elle s'excuse en larmoyant : « Messieurs, j'ai fait ce que j'ai pu pour vous amuser. J'aurais aimé mieux jouer afin de vous donner plus de plaisir. » Si la garde compte bon nombre d'aristocrates, elle recrute aussi chez les domestiques. La rumeur se répand que la reine de France se donne en spectacle devant des domestiques, et en plus qu'elle joue mal. Par la suite, les pamphlets révolutionnaires en font leurs choux gras. Mieux vaut ne pas accorder trop de libertés aux gens, car c'est le meilleur moyen de leur donner l'envie d'être libres.

J'ignore si la reine avait du talent, mais elle eut l'art de se mettre à dos non seulement le peuple, mais la cour, mais sa famille. Elle fut par conséquent fort bien inspirée en faisant monter *Le Barbier de Séville*, dont la célèbre tirade rappelle que la calomnie est née à Versailles :

« La calomnie, Monsieur ? Vous ne savez guère ce que vous dédaignez ; j'ai vu les plus honnêtes gens près d'en être accablés. Croyez qu'il n'y a pas de plate méchanceté, pas d'horreurs, pas de conte absurde, qu'on ne fasse adopter aux oisifs d'une grande ville, en s'y prenant bien : et nous avons ici des gens d'une adresse ! D'abord un bruit léger, rasant le sol comme hirondelle avant l'orage, pianissimo murmure et file, et sème en courant le trait empoisonné. Telle bouche le recueille, et piano, piano

Calomniez, il en restera...

vous le glisse en l'oreille adroitement. Le mal est fait, il germe, il rampe, il chemine, et rinforzando de bouche en bouche il va le diable ; puis tout à coup, on ne sait comment, vous voyez la calomnie se dresser, siffler, s'enfler, grandir à vue d'œil ; elle s'élance, étend son vol, tourbillonne, enveloppe, arrache, entraîne, éclate et tonne, et devient, grâce au Ciel, un cri général, un crescendo public, un chorus universel de haine et de proscription. Qui diable y résisterait[1] ? »

Nous ne sommes plus aux temps de Louis XIV où « il vaut mieux dire du mal de soi que de n'en point parler ». Le pouvoir royal est écorné et tous les faits et gestes de la reine sont l'occasion de ragots dégoûtants. Les rumeurs tournent au scandale en 1785, à cause d'un baiser, celui que Colin vole à Babet dans *La Veillée villageoise*. Mais un baiser, à tout prendre qu'est-ce ? « Un point rose qu'on met sur l'i du verbe aimer », « un secret qui prend la bouche pour oreille », une affaire d'État quand celui-ci est donné par un bel acteur, à une reine un peu trop délurée. Si Louis XVI n'en eut que faire, le baiser fut le début d'une cabale. Comme le public peut parfois être inculte et voir des aveux dans ce qui n'est qu'illusion ! La fiction est ramenée à

---

1. *Le Barbier de Séville*, II, 8.

la réalité en effet, et partout se divulgue que la reine est la maîtresse de son beau-frère, le comte d'Artois, qui tient le rôle de Colin. Et s'il semble peu réaliste que le futur Charles X, déjà fort occupé entre ses propres maîtresses et la religion, soit en cause, une doublure est vite trouvée : ce jeune amant prêt à gravir murs et palissades pour dérober les lèvres de celle qu'il chérit, n'est autre que Fersen, revenu des Amériques en 1783. Ajoutez à cela l'affaire du collier et vous comprendrez qu'il n'en faut pas davantage pour que la soubrette de Trianon et reine de France devienne dans les esprits, de plus en plus nombreux, des persifleurs de tout crin, « l'Autrichienne » ou « Madame Déficit ».

La reine fait tout ce qu'elle peut pour calmer les rumeurs, en vain. Un pauvre musicien, du nom de Sacchini, en fait les frais. Jadis son protégé, il se retrouve mis au ban du jour au lendemain. En effet, sa présence répétée dans le salon de musique de la reine a fait jaser. Voilà son seul tort. Marie-Antoinette se met, pour couper court aux médisances, à l'ignorer. Elle qui l'écoutait avec passion, elle ne lui adresse plus la parole ni ne lui jette un regard, quand bien même se place-t-il devant elle. Lorsqu'il apprend que son opéra, *Œdipe*, ne sera pas joué, il demande audience. La reine, glacée, se justifie

Calomniez, il en restera...

en ces termes : « Mon cher Sacchini, on dit que j'accorde trop de faveurs aux étrangers. On m'a si vivement sollicitée de faire représenter au lieu de votre *Œdipe*, la *Phèdre* de M. Lemoine que je n'ai pas pu m'y refuser. Vous voyez ma position ; pardonnez-moi. » Le compositeur, sans doute amoureux, pardonne, mais il est désespéré et, s'il fait bonne figure en faisant à la reine un salut respectueux, il n'en demeure pas moins mortifié. Il rentre à Paris éploré et succombe quelque temps plus tard. Qu'importe si l'*Œdipe* de Sacchini était indigne de la postérité, l'homme aurait mérité meilleur traitement et une fin moins tragique : le soupirant injustement écarté est mort de chagrin avant l'entracte.

Si le talent de Marie-Antoinette n'a guère inspiré, sa vie sentimentale, elle, a fait fantasmer les pamphlétaires de la Révolution. Les murs de Paris se couvrent d'affiches d'une violence rare contre la souveraine. En voici un exemple, en pleine tourmente révolutionnaire, signé par un commissaire national :

« Républicains, guillotinez-moi ce jean-foutre de Louis XVI et cette putain de Marie-Antoinette d'ici à quatre jours, si vous voulez avoir du pain.

« Et vous, députés royalistes, lisez-moi, et écoutez mes conseils, ou sinon vous serez raccourcis. »

Vice et Versailles

Plus que tout, ce sont les amours de Marie-Antoinette, régulièrement qualifiée de traînée, qui sont décriées. À la reine est prêté un catalogue d'amants qui ferait pâlir de jalousie le Don Juan de Molière. Il y en a tellement qu'un pamphlétaire du XXe siècle se croit encore obligé de récapituler, reproduisant, à partir d'un libelle révolutionnaire, la liste de « toutes les personnes avec lesquelles la reine a eu des liaisons de débauche ». Curieusement, dans ce bric-à-brac surréaliste, il n'y a point de comte Axel de Fersen, mais

La duchesse de Pecquigny
La duchesse de Saint-Maigrin
La duchesse de Cossé
Le comte d'Artois
La marquise de Mailly
Le comte de Dillon
La princesse de Guéménée
Le duc de Coigny
Madame de Lamballe
De Polastron
Un garde du corps
Manou Loustonneau
Un commis au secrétariat de la guerre
Madame de Polignac
Madame de Lamothe-Valois
Le prince Louis de Rohan
Madame de Guiche

Calomniez, il en restera...

Le comte de Vaudreuil
La petite Laborde, sœur du directeur de l'Opéra ; et pour qui elle créa la charge de dame de lit de la reine.
Bezenval
Bazin
Vermont
Toutes les tribades de Paris, parmi lesquelles les plus remarquables sont Souck et Racoux, fouettées, marquées et bannies de Hambourg, pour vols et escroqueries.
La demoiselle Michelot
Mesdemoiselles Guimard, Dumoulin et Viriville
Monsieur Campan, fils d'un valet de pied de la maison de Ventadour.
Casini
Neukerque
Guibert, fille d'un comédien.
Madame de Marsan
Dugazon[1].

Beaucoup d'entre eux ont été guillotinés : calomniez, il en restera toujours quelque chose...

---

1. Hector Fleischmann, *Les Maîtresses de Marie-Antoinette*, Paris, Les éditions des bibliophiles, collection « L'histoire licencieuse », 1910.

CHAPITRE 13

Chambres sanglantes

Si les murs de Versailles pouvaient parler, ils hurleraient. Pas de pièce qui n'ait connu de drame, pas un rideau derrière lequel n'ait été ourdi quelque complot, pas un escalier où n'ait eu lieu un accident, funeste. C'est aussi cela, l'histoire à Versailles. Lorsque les guides instruisent les visiteurs, ils préfèrent les faire rêver en leur racontant les dorures, les falbalas, les bals, parfois ils les ennuient en insistant sur l'épaisseur d'un rideau de brocart, l'élégance d'un chandelier ou la finesse d'une carafe, en omettant de préciser – et c'est dommage – que le rideau a servi de refuge à un assassin, le chandelier d'arme et que l'eau de la carafe était empoisonnée. Versailles doit rester un palais de conte de fées et dans les contes de fées on ne meurt pas...

Voilà ce à quoi je songe, lorsque je me promène dans les couloirs, le lundi, jour de fermeture. Aujourd'hui mes pas me conduisent dans

Chambres sanglantes

le salon de Mercure. Tout en dorures, il a quelque chose d'aérien : la lumière y pénètre largement, les fenêtres éclairent les voûtes délicates décorées de fresques aux couleurs célestes. La divinité y trône en majesté, représentée sous les traits avantageux d'un éphèbe. Depuis son char tiré par deux coqs, le dieu des voleurs regarde au loin en cette douce matinée de septembre 1715, par pudeur sans doute, ou par dégoût, préférant détourner les yeux du cadavre qui se décompose depuis une semaine à ses pieds. En effet, si les rois ne meurent pas à Versailles, leur dépouille est exposée dans cette salle d'apparat. Pour Louis XIV, il faudra attendre huit jours avant que son corps ne soit transporté à la basilique de Saint-Denis.

À quelques mètres de là, la chambre de la Reine retentit des plaintes de nourrissons agonisants. Si dix-neuf enfants de France y sont nés, nombreux sont ceux qui ne survécurent pas à la prime enfance. Je pense à ces petits malheureux en contemplant les têtes dorées des chérubins blonds ornant le plafond de la pièce. De sa femme, Marie-Thérèse d'Autriche, Louis XIV eut six enfants. Une union prospère, heureuse, dont un seul descendant survécut à l'enfance. Anne-Élisabeth, Marie-Thérèse, Louis-François, Philippe-Charles et Marie-Anne sont tous morts au bout de quelques mois, voire de quelques jours. Je ne sais quelle déesse grecque ou romaine est peinte sur les voûtes, mais je plains les cinq petits enfants à la naissance desquels elle assista : ils rejoignirent les limbes, la partie des Enfers qui, dans la mythologie antique, accueille les nourrissons. La religion catholique ne leur réservant pas de meilleur sort, les enfants royaux sont ondoyés dès leur naissance, par mesure de précaution.

L'époque est bien dure aux petits malheureux, plus encore lorsqu'ils sont de haute lignée. En effet, la consanguinité des familles régnant sur l'Europe rend leur descendance particulièrement fragile. Les contes de fées de ce temps pourraient se terminer de la sorte : ils vécurent heureux et eurent beaucoup d'enfants, dont un seul survécut. Si Louis XIV et son épouse ont perdu cinq enfants, leurs successeurs ne furent pas plus chanceux. Voilà de quoi rendre fataliste, comme Marie Leczinska qui, ayant mené dix grossesses à terme en douze ans, aurait déclaré : « Toujours coucher, toujours grosse, toujours accoucher ! » Il faut une bonne dose d'humour, noir, pour endurer la perte de la moitié de sa progéniture. Le plus étonnant pour nous est que ce qui était déploré n'était pas cette hécatombe, mais le fait que le couple royal ait principalement des filles. Celles-ci d'ailleurs sont appelées par des numéros : mieux vaut ne pas trop s'attacher. L'une d'elles, Marie-Adélaïde, baptisée à sa naissance Madame Quatrième, devint Madame Troisième à la mort de sa sœur. À cela s'ajoutent les innombrables fausses couches, si fréquentes autrefois. Marie-Antoinette en aurait fait au moins deux. Certaines seraient provoquées : Madame de Pompadour, qui n'a aucun enfant de sa liaison avec Louis XV, se le voit reprocher.

Parmi tous ces petits défunts, celui auquel le plus de prix fut attaché est le dernier, le fils de Marie-Antoinette, le fameux enfant du Temple. S'il est aujourd'hui avéré que le pauvre garçonnet est bien mort en prison, la rumeur de sa survie a longtemps perduré, donnant lieu aux hypothèses les plus fantasques. L'une d'entre elles est particulièrement exotique : quelle ne fut pas ma surprise de découvrir, en écoutant le récit d'une amie partie aux Seychelles, que Louis XVII avait mystérieusement élu résidence sur l'île de Mahé et s'était même intéressé – détail qui m'alla droit au cœur – à la botanique. Aujourd'hui, les tests ADN ont prouvé que l'enfant du Temple était bien le fils de Marie-Antoinette. La vérité est souvent trop triste. Je lui préfère la légende d'un petit monarque se régalant de fruits fabuleux dans le jardin du Roi.

Revenons aux spectres versaillais. Dehors, dès l'entrée, les grilles cliquettent d'un bruit de chaînes. En effet, ces fantômes-là, comme les fantômes écossais, traînent des boulets. Ce sont les prisonniers d'Orléans, transférés à Versailles et tués devant les grilles de l'Orangerie. En 1792, on ne parle pas encore de « Terreur ». Pourtant, déjà, fureur et frayeur grondent. À Orléans, une cinquantaine de dangereux criminels, c'est-à-dire en majorité des nobles et des proches de l'ancien gouvernement, attendent d'être jugés pour crime de lèse-majesté, pardon, de « lèse-nation ». La justice, même pendant les guerres civiles, n'est pas suffisamment expéditive, si bien qu'une partie des prisonniers a déjà été tuée sur place, par la foule orléanaise. Pour éviter le massacre, l'Assemblée nationale donne l'ordre de rapatrier les survivants à Paris. Ils doivent faire étape à Versailles. Comme les prisons sont pleines, le maire, Hyacinthe Richaud, décide de loger les détenus dans la ménagerie. En les plaçant dans des cages, Richaud cherche surtout un endroit où les prisonniers seront en sécurité, car il redoute la réaction des Versaillais : les bêtes féroces sont des deux côtés des barreaux. Richaud a pris la précaution de prévenir Danton

Chambres sanglantes

de ses craintes : celui-ci n'a pas jugé bon de répondre.

Le 9 septembre, sept chariots de détenus pénètrent dans la ville. Une partie du convoi a franchi les grilles de l'Orangerie quand une horde surgie de je ne sais où se jette sur les prisonniers. Que veulent-ils ? Rien. Qui sont-ils ? Tout le monde, c'est-à-dire des hommes et des femmes de leur temps, affamés, lassés et très en colère. Richaud tente de s'interposer, en vain : la foule se jette sur les prisonniers et le carnage commence. On tue, on lacère, on éventre, on lapide, avec tout ce qui tombe sous la main. La scène est insoutenable. Parmi les « criminels » se trouve l'amant de Madame du Barry, Louis-Hercule de Cossé-Brissac : il a les yeux crevés et sa tête est plus tard jetée aux pieds de sa fameuse maîtresse. Celle-ci connaîtra un sort similaire un peu plus tard, lorsque, déclarée ennemie de la Révolution, elle sera guillotinée en décembre 1793. La belle ne semblait guère prête à rejoindre ses amants dans la mort. Son amie Élisabeth Vigée-Lebrun rapporte : « Elle est la seule femme, parmi tant de femmes que ces jours affreux ont vues périr, qui ne put avec fermeté soutenir l'aspect de l'échafaud ; elle cria, elle implora sa grâce de la foule atroce qui l'environnait, et cette foule s'émut au point que

le bourreau se hâta de terminer le supplice. »
C'est vrai, cette fin manque de noblesse, mais je ne peux m'empêcher d'éprouver de la sympathie, voire une pointe d'admiration, pour un tel appétit de vie. Ses derniers mots au bourreau furent, dit-on : « De grâce, Monsieur le bourreau, encore un petit moment. »

« Encore un petit moment » : voilà sans doute ce que pensent les huit détenus qui parviennent à échapper à la furie populaire lors du massacre de septembre 1792. Il faut dire que les têtes des victimes ont été sur-le-champ tranchées et empalées sur les grilles du château. Et cela ne suffit pas. Le soir, les hommes, commandés par le chef même de l'escorte, Claude Fournier-L'Héritier, surnommé « Fournier l'Américain », se rendent aux écuries de la Reine, qui servent de maison d'arrêt, et assassinent les 27 prisonniers qui s'y trouvaient. Le lendemain, une fois les corps détroussés et quelques têtes coupées, les restes des « criminels » sont chargés sur des chariots : direction Paris, place Vendôme plus précisément, car c'est là que siège Danton. Danton est toujours présenté comme le modéré de la Révolution : quelle fut sa réaction devant ce sanglant trophée ? À Fournier qui lui rendait compte de ses actes, il répondit : « Ce n'est pas le ministre de la Justice, c'est le ministre de la

Chambres sanglantes

Révolution qui vous félicite. » J'aimerais croire qu'il y a là une pointe d'ironie, mais lorsque j'entends que de nos jours encore un président et des hommes d'État peuvent parler de justice lorsqu'un terroriste est assassiné sauvagement, je perds tout espoir. Aujourd'hui cependant, les criminels de 1792 sont redevenus ce qu'ils étaient, des victimes. Au cimetière Saint-Louis, une plaque mortuaire invite à se souvenir des 44 victimes du 9 septembre 1792, Louis de Cossé, duc de Brissac, gouverneur de Paris, commandant de la garde du Roi, Antoine de Waldeck de Lessart, ministre des Affaires étrangères, Charles de Francqueville d'Abancourt, ministre de la Guerre, Monseigneur Jean de Castellane, évêque de Mende, et Jean-Baptiste de La Rivière, juge de paix à Paris.

Revenons aux grilles du château. Sous les têtes des nobles décapités, peu avant l'aube, une cohorte de morts-vivants s'agite. Ils sont hâves, le teint plombé, le visage creusé par une faim perpétuelle et, curieusement, tous vêtus de vêtements féminins. Ce sont les révolutionnaires de 1789, venus chercher « le roi, la reine, et le petit mitron ». Toute la nuit la cour des Ministres a retenti de leurs cris et du bruit des grilles qu'on secoue. Des loups seraient moins terrifiants. La joyeuse ambassade est constituée de prostituées, payées pour l'occasion, et d'hommes déguisés en femmes, pour passer inaperçus. Ce n'est pas tout : pour compléter la sinistre bande, Verrières, un avocat bossu, et quelques colosses aux bras et aux visages noirs, les serruriers et les forgerons de Versailles. À six heures, l'heure de la relève, ils réussissent à passer la grille de la Chapelle. Un garde du corps tire d'un balcon, d'autres accourent. Ces derniers sont armés certes, mais le nombre est toujours la meilleure arme. Non seulement les gardes ne parviennent pas à contenir la foule, mais l'un d'eux, nommé des Huttes, est égorgé. Un autre, Varicourt, est tué et décapité devant le grand escalier de marbre qui conduit aux appartements de la Reine, car la horde a pénétré dans le château et fait reculer les gardes jusqu'à l'œil-de-bœuf où ils se sont barricadés. Les loups sont entrés dans Versailles.

Depuis sa chambre, Marie-Antoinette les entend hurler. « Nous voulons le cœur de la Reine, nous fricasserons son foie et nous ferons des cocardes avec ses boyaux ! » Plus qu'un programme, un menu : le peuple a faim de justice. Une femme parvient à passer la tête dans l'encoignure de la porte qui est près de céder. Les regards de deux femmes se croisent : d'un côté la furie, de l'autre l'effroi ; de part et

Chambres sanglantes

d'autre, la haine. Un garde parvient à refermer le battant. Marie-Antoinette enfile un jupon à la hâte et fuit par le soupirail qui conduit à la chambre du Roi. Elle gratte à la porte, personne ne répond. Les cris se rapprochent, des coups de feu se font entendre. Le verrou reste tiré. Marie-Antoinette est seule, à moitié dévêtue, dans le noir, pieds nus, avec à ses trousses une meute d'enragés. Elle est sans doute à ce moment en proie à la plus grande frayeur de sa vie, avec l'intuition affreuse que la suite sera pire. Enfin la porte s'ouvre. Les deux époux sont réunis, mais que faire ? Combien de temps la barricade de l'œil-de-bœuf peut-elle résister ? Combien de temps avant d'être massacrés par la foule ? Tout à coup, le roi et la reine n'entendent plus que les battements de leur cœur. Le tumulte a cessé. Le silence, le doute sont plus effrayants encore. Pour la dernière fois la chance leur est favorable : les gardes nationaux, menés par La Fayette, sont enfin là. À la foule en furie, ils crient : « Nous sommes les gardes-françaises, nous n'avons pas oublié que vous avez sauvé les nôtres à Fontenoy ! » Les révolutionnaires obéissent. De part et d'autre les hommes échangent leurs coiffures et fraternisent.

La Fayette apaise les esprits. Il parvient à calmer le peuple sur le point de se jeter sur les dix gardes du corps prisonniers aux grilles. Il convainc Louis XVI de se montrer au balcon de la cour de Marbre. Contre toute attente, le souverain est acclamé. Mais Marie-Antoinette commet l'erreur d'apparaître à son tour. Des fusils la menacent, des hommes font mine de lui couper la tête. Ils sont sincères. À nouveau, La Fayette parvient à éviter que la situation ne dégénère. Il prend par la main la reine, que pourtant il ne porte pas dans son cœur et qui le déteste, et la présente au peuple. Il s'incline devant elle et lui baise la main. La foule applaudit, elle l'acclame : « Vive la reine ! À Paris ! À Paris ! » La monarchie est sauvée, pour un temps.

« À Paris ! À Paris ! », les mêmes mots, la même fureur, mais un autre accent et une autre époque : un siècle plus tard Versailles, qui n'est pourtant plus le siège du pouvoir, retentit de cris, de victoire et d'agonie. Durant la guerre de 1870, lorsque les Prussiens sont aux portes de Paris, ils font de Versailles leur quartier général. Une importante garnison, commandée par Bismarck, s'installe au château, « escale » permettant aux troupes de se reposer avant la prise de la capitale. Tandis que celle-ci est assiégée, les généraux ennemis se gobergent dans le palais des anciens rois de France. Tout un symbole : des gravures d'époque leur prêtent des orgies

Chambres sanglantes

abominables, quelque part entre les bacchanales romaines, la fête de la Bière et la nuit des Longs Couteaux avant l'heure, tandis que le peuple parisien agonise. Il n'en est rien. Les combats qui ont permis aux Prussiens d'entrer dans Versailles ont été sanglants. Après la bataille de Vélizy le 19 septembre 1870, morts et blessés affluent dans la ville : il n'y a pas assez d'ambulances, se plaint le docteur Kirchner, ni de place pour les soigner. Le prince de Prusse donne l'ordre d'installer une ambulance dans le château laissé sans surveillance. Les blessés sont si nombreux que toute l'aile du Midi, puis l'aile Nord et la galerie des Glaces sont occupées. À côté du froufrou des robes, le souvenir des plaintes des malades emplit la majestueuse salle d'apparat. Qui le croirait ? Il n'y a pas que les cœurs qui y ont été brisés. Un tableau, laissé au musée du château, représente la scène. Une lumière rouge pénètre dans les voûtes, tandis que les bords de la Galerie sont occupés de banquettes, car il n'y a plus de lit. Le centre vide de la toile procure une impression de profondeur. Les personnages semblent minuscules à côté des grandes voûtes. Sous le pinceau de Buchereau, la Galerie prend des allures, funèbres, de cathédrale.

D'ailleurs, peu de temps après, c'est un enterrement qui y est célébré. Dans un château

Vice et Versailles

poussiéreux et délabré, des princes cacochymes tentent de sauver leurs États de la mainmise de Bismarck, tandis que l'armée, à l'autre bout du palais, agonise dans la galerie des Glaces qui sert toujours d'hôpital. L'Allemagne d'antan, des châteaux fous de Louis II et des princes, elle aussi s'éteint. Bismarck vient de décider que le nouvel Empire allemand verrait le jour dans la pièce la plus fameuse du château. Que sont devenus les blessés ? Je l'ignore. Toujours est-il que le 18 janvier 1871 dans la galerie des Glaces, ornée d'un autel pour l'occasion, 600 officiers écoutent solennellement, ou tête baissée, Bismarck lire la proclamation. Sous la peinture de Lebrun glorifiant les victoires de Louis XIV sur le Rhin, une couronne de pacotille est déposée sur la tête chenue d'un homme de paille qui a plus de soixante-dix ans, aux cris de « Vive Sa Majesté l'empereur Guillaume ! ».

Patriotisme oblige, il y a peu de littérature sur l'occupation par les Prussiens de Versailles. Je l'imagine lugubre, pleine de revanche et de fantômes. C'est un ancien monde qui meurt, comme l'héroïne de Zola, Nana, entendant les troupes crier « À Paris ! À Paris », depuis la chambre où elle est en passe de succomber à la vérole. Zola préfère la capitale à Versailles qu'il dépeint comme sordide, avec des rues sales et

Chambres sanglantes

où il fait toujours mauvais. L'écrivain semble pourtant s'être souvent promené dans les lieux, assez pour décrire des planchers pourris et comparer le château à une nécropole. Il est vrai qu'il n'y avait pas « eau et gaz à tous les étages ». Zola n'aimait guère Versailles et moi je n'aime guère Zola, cela tombe bien. Trop pathétique, trop dogmatique, je l'accuserais bien d'être un piètre écrivain s'il n'était un grand homme. Il fut, malgré lui, hôte à Versailles, prisonnier parmi les insurgés de la Commune détenus à l'Orangerie.

Le beau bâtiment à l'odeur de Midi fut le théâtre d'un épisode affreux. En 1870, lorsque les Versaillais se soulèvent contre la Commune de Paris, Versailles est choisi comme lieu de détention des insurgés faits prisonniers après que la révolte a été écrasée violemment. Il faut trouver un endroit pour enfermer les centaines de communards, et le nombre, encore plus grand, de suspects. Or le château de Louis XIV ne comporte pas de geôles. Mais les généraux, pour une fois, font preuve d'imagination. La grande Orangerie, aux hauts plafonds élancés, les inspire : une fois les orangers enlevés, elle fera une magnifique prison et sera une agréable étape entre les garnisons de Satory, où se déroulent les jugements militaires. L'immense rotonde de l'entrée est convertie en hall d'accueil où les nouveaux arrivants sont divisés en trois catégories. Les prisonniers ordinaires sont envoyés dans la Grande Galerie, les hommes à surveiller sont dirigés vers les retours, étroits corridors dans lesquels la lumière entre à peine. Une cellule monacale, apte à la méditation, voire au remords. Les « dangereux » sont entassés dans les culs-de-four : à l'ombre impénétrable des escaliers, les meneurs sont entassés comme du bétail. L'endroit est surnommé la fosse aux lions : s'il ne renferme pas de fauves, il est vrai que c'est bien un martyre que l'on y attend et que les hommes y sont traités comme des bêtes. Dans la boue et la poussière, les malheureux n'ont droit qu'à un pain par jour, de l'eau leur est servie dans des abreuvoirs. Leurs gardiens les sortent de temps en temps, pour le plus grand plaisir des Versaillais, qui vont voir ces animaux féroces pris dans les fers, la « canaille ». Leur supplice dure jusqu'à l'automne : il est temps de rentrer les arbres. Thiers ne fait pas de quartier : pour préserver les oranges, les détenus sont exécutés ou déportés. Les orangers retrouvent leur abri. Les murs ont gardé la trace de la tragédie : quelques graffitis sont encore lisibles. Non loin de la Rotonde, les initiales LPB, gravées d'une main assurée, rappellent discrètement au visiteur le massacre. À défaut d'être sanguines, les

Chambres sanglantes

oranges de 1871 furent sanglantes, comme la semaine du même nom.

Tellement d'atrocités ont eu lieu à Versailles que j'en viens à considérer mon domicile, la Régie, avec circonspection. Je sais que sous Louis XIV la bicoque, seul logement possible à Trianon, était fort convoitée : j'imagine aisément quelque maraudeur essayant d'y pénétrer de nuit. Pourtant, si la demeure est célèbre pour avoir abrité Molière, aucun crime n'a été signalé... comme partout ailleurs à Versailles ! Il est vrai que tout ne peut être rapporté et que, par exemple, nulle part ne figure que Francis Ford Coppola, Boris Eltsine et Milan Kundera s'y sont désaltérés, alors même que c'est vrai : je les ai vus. Plus profondément, je crois que les chroniqueurs contemporains, à la différence d'un Saint-Simon ou d'une Sévigné, ne sont guère critiques. Pourtant, quand je descends dans la petite cave froide et sinistre que je partage avec un voisin, je ne peux m'empêcher de frissonner.

CHAPITRE 14

L'envers du décor

Le *happy end* n'est pas une invention hollywoodienne, il est né à Versailles. Dès l'instant que nous sommes chez un souverain, tout ne peut être que merveilleux, mirifique, extraordinaire et joyeux : il faut que le roi s'amuse, mais avec mesure et, si des cérémonies sordides ont lieu, elles ne sauraient se passer au château. Et toute la parentèle de bénéficier de la même aura aimable du monarque.

C'est ainsi que, lorsqu'on apprend en 1667 que le chevalier de Lorraine est l'amant de Monsieur, le frère du roi, et que les deux garçons s'amusent comme des fous, c'est à Saint-Cloud que la bacchanale se déroule. Les deux aristocrates ont un sens de l'humour bien particulier : se rendant chez le colonel du régiment du Languedoc, Wallon, et le trouvant doté d'un embonpoint et d'un accent énormes, ils s'amusent à déguster une omelette gigantesque sur le

L'envers du décor

ventre non moins volumineux du colonel de l'armée, prémices aux fraises que Louis XV dégustera sur les seins de ses favorites. Voilà qui est roboratif et charmant... pour un début de soirée. Celle-ci se poursuit à Paris, chez la Neveu, tenancière de son état et toujours prête à accueillir des messieurs, quels que soient leurs goûts. Les joyeux drilles font tellement de bruit chez leur hôte qu'un commissaire intervient pour mettre fin au vacarme. L'agent de l'ordre reconnaît bientôt le frère du roi. Il est bien embarrassé, non par le scandale mais par le moyen de faire taire ses hommes. C'est Monsieur en personne qui lui souffle la solution. Rien de tel qu'une présence féminine pour pacifier les situations houleuses. La Neveu reçoit l'ordre de faire venir ses filles qui s'agenouillent, jupes relevées, pour recevoir une sentence administrée par chaque membre de la brigade. Justice est rendue et la fête reprend sa gaie tournure.

Louis XIV est bien entendu au courant des travers de son cadet et, sans partager son genre d'humour il ferme les yeux, tant que les « blagues » n'ont pas lieu dans son domaine. M'est avis que s'il a offert à son frère le magnifique château de Saint-Cloud c'est pour éviter que ce dernier ne se livre à ses frasques dans la capitale

Vice et Versailles

(il logeait auparavant au Palais-Royal) ou, pire, à Versailles. *Not in my backyard* : voilà la politique du Roi-Soleil. C'est ainsi qu'il est fort soulagé — il pourra même se permettre d'être un peu triste — lorsqu'il apprend que le maître d'hôtel du prince de Bourbon-Condé, Vatel, a eu le bon goût de mettre fin à ses jours dans un autre château. Un pâtissier qui meurt à Chantilly, c'est joli. L'histoire est pourtant lamentable. De retour de chasse, le roi vient souper chez le prince de Condé. En cuisine, le personnel s'active, mais quelques tables manquent de rôti. Vatel est catastrophé. Le coup fatal lui est porté le lendemain, lorsqu'il apprend que la marée, c'est-à-dire les poissons et les coquillages, sera rare. Il n'en faut pas plus pour que Vatel se passe l'épée à travers le corps. Il est retrouvé de bon matin, noyé dans son sang. Tout le château est bouleversé, sauf Louis XIV qui réconforte le prince de Condé, le propriétaire des lieux, en lui assurant qu'il n'a pas si mal soupé.

En bon monarque, le Roi-Soleil est d'un flegme souverain. Une fois pourtant il est affecté, à sa manière. Nous sommes en 1686, le roi n'est plus tout jeune mais il rayonne, de joie, car ce soir son compositeur favori, Lully, lui a promis un beau spectacle : un *Te Deum* qui célébrera la guérison du monarque. Mais le compositeur se

L'envers du décor

blesse au pied, en pleine répétition, avec le bâton qui lui sert à battre la mesure. En quelques jours, la plaie s'infecte : Lully succombe de la gangrène, après des souffrances abominables. Le roi ne dit rien. Il faut attendre 1697, soit dix ans après la mort du musicien, pour qu'il confesse que « depuis Lully, aucune musique ne lui avait fait tant de plaisirs que la sienne ». De la litote mise au service du chagrin. Une autre fois cependant il s'irrite, comme lorsqu'une prostituée vient jusqu'à lui porter plainte, les fesses entièrement carbonisées car elles ont servi de piste de lancement à des pétards. La salve a été ordonnée par Philippe d'Orléans, évidemment.

Le frère du roi n'est pourtant pas le seul à avoir un sens particulier de la fête. Bussy-Rabutin raconte dans une lettre du 27 janvier 1680, que le duc de La Ferté, le dénommé Berain, le chevalier Colbert, le fils du ministre, et d'Argenson envoient quérir un « oublieur », c'est-à-dire un marchand d'oublies. N'allez pas croire qu'il s'agisse d'un revendeur de substance illicite destinée à transformer en paradis artificiel les soirées entre amis. L'oublieur appartient à un ancien corps de métier parisien, c'est un crieur et un vendeur d'oublies, des petites pâtisseries qui ressemblent à des gaufres. D'aucuns diraient qu'il s'agit du plus vieux métier du monde car une marchande d'oublies désigne aussi une maquerelle. Ce qui est sûr, c'est que La Ferté et ses comparses se rappelleront leur oublieur tant celui-ci est joli garçon et que le jeune mitron aurait gardé de la rencontre un souvenir impérissable et quelque difficulté à s'asseoir s'il n'avait reçu, en réponse à ses protestations, deux coups d'épée.

Que la fête continue ! Nous sommes dans la nuit du 12 au 13 septembre 1751, le duc de Bourgogne, premier fils du dauphin, est né, un feu d'artifice est tiré en son honneur. Depuis la veille une chandelle mal éteinte brûle dans le grenier des Grandes Écuries. Le feu a couvé. Pendant que les courtisans s'extasient, la toiture est ravagée par un incendie. Évidemment il est hors de question que la soi-disant chandelle ait été un des pétards destinés à célébrer la naissance de l'héritier. Pourtant chacun sait que les feux d'artifice sont redoutablement dangereux, à commencer par le monarque qui prend toujours la précaution de les observer protégé derrière un grillage.

De nos jours encore ils font des victimes : je me souviens avec effroi des fêtes versaillaises qui causèrent la mort d'une jeune femme de vingt ans ou, dans les mêmes années 1990, de malheureuses ballerines contraintes de se jeter à demi nues

L'envers du décor

dans le Grand Canal car des feux de Bengale avaient enflammé leurs tutus. Voilà pour « la Mort du cygne » façon Versailles. Trêve de plaisanteries : je suis convaincu que tous les feux d'artifice à Versailles ont été à l'origine de drames.

Politiquement aussi des soirées dégénèrent. Le 1er octobre 1789, à l'opéra royal, les gardes du corps de Louis XVI célèbrent leur banquet annuel. A été invité ce jour-là le régiment de Flandre. L'ambiance est formidable, fraternelle, et chacun a un peu bu. Louis XVI et son épouse viennent saluer les convives. Le monarque est acclamé aux cris de « Vive le roi ! ». L'euphorie est telle que les soldats jettent en l'air cocardes tricolores et bonnets phrygiens. Elle retombe aussi vite que les galurins, car le roi a malencontreusement marché sur l'un d'eux : il n'en faut pas plus pour accuser le souverain de fouler aux pieds la Révolution. Trois jours plus tard lui et sa famille sont conduits en prison. Le banquet royal de Versailles a été la cause de la mort du régime monarchique.

Toutes les fêtes n'ont pas des fins aussi funestes. Louis XV est fier de l'opéra qu'il vient de faire construire. La première représentation est donnée le 17 mai 1770. Il s'agit d'une œuvre de Lully, *Persée*, et chacun s'étonne qu'un opéra aussi ennuyeux, c'est-à-dire au goût du règne précédent, ait été choisi. Pourtant la troupe fait de son mieux dans un bâtiment encore en travaux. Cinq décors ont été construits et les chanteurs se déchaînent dans des nuages de poussière car des problèmes de machinerie se sont produits : c'est ce qui s'appelle essuyer des plâtres. Mieux : à la fin du spectacle, Le Gros, un ténor qui porte bien son nom, se jette aux pieds d'Andromède. Il crève littéralement la scène, à défaut de l'écran, car il s'écroule. Une dame de la cour, non sans esprit, rapporte que la seule chose qu'elle ait appréciée dans le spectacle est sa chute.

Les temps changent, les esprits avec : chaque époque a son type de réjouissances, il faut tout le génie de Molière pour nous faire rire encore aujourd'hui. Les modes toutefois reviennent. Louis XIII aimait une modeste retraite de brique rose où il se reposait après la chasse. Son fils en fit un château bruyant, et, trois siècles plus tard, le calme des pavillons des bois versaillais séduit à nouveau. À Paris cependant l'un d'eux fait grand bruit en ce milieu d'hiver 1959. Le pavillon du Butard, situé dans le bois de Fausses-Reposes, a été placé sous scellés. L'endroit abriterait des parties fines où le « Tout-Pourri », comme l'écrit *Le Canard enchaîné*, fait la chasse à

L'envers du décor

un gibier qui n'est pas toujours arrivé à maturité. Le plus ennuyeux est que, si les bois appartiennent à tout le monde, le Butard est à la disposition du président de l'Assemblée nationale... Ce dernier, André Le Troquer, âgé de plus de soixante-dix ans au moment des faits, est un héros de la Seconde Guerre mondiale et un ancien ministre de De Gaulle. À ce glorieux palmarès, la presse ajoute que le député socialiste est un mécène qui organise des spectacles formidables où il présente de jeunes talents à de vieux et puissants messieurs. Pour que les soirées soient vraiment réussies et que chacun puisse voir la lune qu'il désire, alcools et drogues sont de la partie. Certains crient à une machination destinée à décrédibiliser Le Troquer et la SFIO, mais lorsqu'un journaliste de *France Soir* trouve l'expression de « ballets roses », c'en est fini du dignitaire socialiste.

Il est toutefois un type de divertissement qui, à Versailles, traverse les modes et les siècles, c'est la guillotine. En effet, c'est à quelques pas du château que l'invention du docteur Guillotin fut présentée pour la première fois dans un lieu au nom prédestiné, l'hôtel des Menus-Plaisirs. Alors qu'il fut construit sous Louis XV pour abriter les décors et les accessoires de jeux, il accueille à partir de 1789 des divertissements beaucoup moins ludiques, les séances des États Généraux et de l'Assemblée constituante. En ce début de Révolution, les espoirs sont grands : aujourd'hui les constituants écoutent un de leurs pairs, Guillotin, avec respect. C'est que l'homme est déjà célèbre, comme médecin d'abord mais surtout pour avoir publié un pamphlet progressiste et visionnaire, la *Pétition des six corps* dans lequel il proposait – cela ne s'invente pas – le vote par tête. Le bon docteur est philanthrope : n'est-il pas membre, avec La Fayette, de la loge maçonnique « La Candeur » ? Peu après la Déclaration des droits de l'Homme, à laquelle il a participé, il est venu annoncer aux révolutionnaires qu'il avait trouvé la solution au problème de la peine capitale.

La peine de mort se décline jusqu'alors avec la plus grande variété. Le *vulgum pecus* a droit à toutes sortes de supplices, pourvu qu'ils soient mortels, en fonction de son crime : aux violeurs et aux hérétiques, le bûcher, le bouillage aux faux-monnayeurs et, bien entendu, l'écartèlement aux régicides. Seuls les nobles ont droit à la tête tranchée, une honte pour le docteur. Si les hommes naissent et demeurent égaux en droits, ils méritent de mourir de même. Qui plus est, la décollation peut parfois s'avérer injuste. Il faut à l'occasion s'y reprendre à plu-

L'envers du décor

sieurs fois. La faute en revient, comme souvent, au facteur humain. Et à Guillotin de rappeler à ses pairs qu'un simple rhume avait suffi à ce que l'exécution d'Hélène Gillet, une infanticide du XVIIe siècle, tourne à la boucherie. Le bourreau enchifrené, affaibli par la fièvre, s'échine sur le cou de la malheureuse. Celui-ci est coriace : il plie, mais ne rompt pas. L'assistance s'impatiente, à commencer par l'épouse du bourreau. Voyant son mari dans l'embarras, elle monte sur l'échafaud pour lui prêter main-forte. Secondée par la foule prompte à jeter des cailloux, elle termine la besogne. Voilà un travail d'équipe qui ne ferait pas rougir certains révolutionnaires de 1793, mais nous sommes en 1789 : lorsque Guillotin rappelle l'affaire, chacun s'en indigne, avec sincérité sans doute.

Le docteur croit aux progrès de la technique, c'est de son temps, l'Assemblée aussi. Elle n'est pas difficile à convaincre. C'est donc dans l'enthousiasme général qu'est votée la motion proposant d'une part que « les délits du même genre seront punis par le même genre de peine, quels que soient le rang et l'état [la condition sociale] du coupable », de l'autre que « dans tous les cas où la loi prononcera la peine de mort contre un accusé, le supplice sera le même, quelle que soit la nature du délit dont il se sera rendu coupable ; le coupable sera décapité ; il le sera par l'effet d'un simple mécanisme ». Le « simple mécanisme » n'est autre que la guillotine. Guillotin est aux anges et, lorsqu'un député s'oppose à un procédé qu'il juge peu fiable, car trop récent pour être au point, Guillotin, tout feu tout flamme, s'exclame : « Avec ma machine, je vous fais sauter la tête en un clin d'œil, et vous ne souffrez point ! »

De fait, la technologie de pointe a vite l'occasion de faire ses preuves... La première guillotine est installée à Paris le 25 avril 1792 et dès le mois de juin elle trône place Dauphine à Versailles. Ce ne sont pas moins de 20 000 têtes qui volèrent en l'air comme bouchons de champagne, à la plus grande joie de la population.

Les régimes passent, l'enthousiasme perdure pour la « mirabelle », appelée ainsi en raison de l'usage démesuré qu'en fit Mirabeau et ce jusqu'en 1939 car, ironie du sort, c'est à Versailles qu'eut lieu la dernière exécution publique. Le criminel qui en fut la victime s'appelait Weidmann. Il était condamné pour avoir séduit, assassiné puis enterré dans son jardin six femmes, dont une danseuse célèbre à l'époque, l'Américaine Jean de Koven. Weidmann est un homme à femmes : le beau sexe ne se fait pas supplier pour lui rendre les derniers honneurs. Certaines

L'envers du décor

sont arrivées dès la veille au soir pour ne rien rater du spectacle. Une *rock star* ne susciterait pas moins de ferveur. La tête du dangereux séducteur n'est pas plutôt coupée qu'elles sont des dizaines à se précipiter pour imbiber leurs mouchoirs d'un sang dont on prétend qu'il a des vertus miraculeuses. J'ignore si mon honorable grand-mère faisait partie de ces fans en furie, mais je sais qu'elle me parlait de temps en temps de cet Allemand si distingué, son voisin, mais aussi « le tueur aux yeux de velours », qui lui donnait des conseils de jardinage. Je frémis en songeant que si Germaine Crochard avait eu la cuisse légère, et avait été plus fortunée, elle aurait pu devenir l'une de ses victimes et finir dans un jardin à défaut d'avoir un petit-fils jardinier.

Versailles aujourd'hui continue d'accueillir des fêtes. Beaucoup ne manquent pas de piquant. Certaines sont même pétillantes. Lorsque eut lieu la formidable exposition sur les tables royales en 1993, les principales têtes couronnées d'Europe étaient invitées car elles-mêmes avaient prêté une grande partie de la vaisselle exposée. Un champagniste célèbre servait de mécène. Le jour de l'inauguration, un va-et-vient élégant a envahi la cour du château : voitures de fonction, dames en chapeau et talons hauts, hommes en smoking,

Vice et Versailles

extras et officiels se pressent avec hauteur. Ils tentent d'éviter le plus dignement du monde les employés de l'usine de champagne, venus manifester contre les suppressions d'emplois récemment appliquées. Aux pieds des dames en escarpins, des ouvriers sont assis sur les pavés en train de saucissonner, visiblement ivres de colère. Les forces de l'ordre interviennent pour les faire déguerpir, mais les « révoltés » ont pris des munitions. Ils dégainent, les femmes crient, quelques policiers sont blessés, je suis touché… par un bouchon de champagne.

Conclusion

Il règne en cette matinée estivale une atmosphère pesante. Les jardiniers ont cessé leurs activités et se sont regroupés dans la petite orangerie de Trianon. Le personnel est au grand complet. Il écoute d'une oreille attentive le chef du service, Amédée-Guillaume Dandale. La veille, des affiches ont recouvert les murs de la ville et du château. Elles annoncent, par décret du président de la République, la mobilisation des armées de terre et de mer ainsi que la réquisition des animaux, voitures et harnais nécessaires au complément de ces armées. Dans de telles circonstances, les agents se demandent s'il leur sera possible de continuer à entretenir le domaine. La cinquantaine d'ouvriers présents s'interroge sur le devenir du parc. Mais en ce 3 août 1914, le patriotisme l'emporte sur la crainte. Sur le mur intérieur de l'orangerie, un jardinier s'active. Avec talent, il a dessiné au crayon noir deux drapeaux français surmontés de la devise « Gloire et Honneur », tandis que ses collègues ont entonné d'une même voix l'hymne national.

Deux jours plus tard, les ouvriers Le Jehan, Henry, Pérot, Benage, Cheminat et Burlot, le chef d'atelier Lecomte et le charretier Lefèvre reçoivent l'ordre de rejoindre leur compagnie. Ils sont heureux : quoi de plus naturel, pour des hommes de la terre, que de partir la fleur au fusil ? Les jardiniers mobilisés laissent éclater leur joie. Une occasion, enfin, leur a été donnée de s'éloigner de Versailles et de ce jardin où leurs pères et leurs grands-pères travaillaient déjà. Le domaine est le seul lieu qu'ils connaissent vraiment. Ils y travaillent, ils y habitent, ils y cultivent un lopin de terre qui donne légumes et fruits. Les plus astucieux élèvent volailles et lapins.

Au début du XXe siècle, les déplacements sont rares et la bicyclette l'unique moyen de transport individuel. Pour les longs parcours il existe bien le train mais il est réservé aux voyages d'exception, ceux qui conduisent à Paris ou en province, à la noce et aux enterrements. Les transports en commun ont pourtant bien changé depuis leur création. Ils sont maintenant réguliers et beaucoup plus confortables. La sécurité aussi a fait des progrès. Les plus vieux Versaillais sont cependant méfiants : ils gardent en mémoire

L'envers du décor

la tragédie du 8 mai 1842, lorsque, à dix-sept heures trente, les dix-sept wagons tractés par deux locomotives se sont éloignés avec difficulté de la gare de Versailles, avant que, dix minutes plus tard, le convoi ne déraille. Le bilan fut terrible : 59 passagers ont péri brûlés vifs. Si les anciens appréhendent toujours le rail et sa vitesse folle, la jeune génération est fascinée par le train mais son coût reste prohibitif. Pour aller où et pour quoi faire ? Il ne serait d'ailleurs pas raisonnable de quitter le potager en été quand il est le plus productif. Aussi, la seule idée de partir dans l'est de la France pour quelques-uns est une aventure, l'occasion de voir du pays. De plus, la famille est fière d'avoir en son sein un fils, un frère, un mari qui va défendre la patrie. De toute façon, l'absence ne sera que de courte durée. Le temps d'aller pendre son linge sur la ligne Siegfried et ce sera le retour triomphal.

L'escapade tourne au massacre.

Burlot est le premier à payer de sa vie. Les officiels annoncent à ses proches qu'il est tombé le 8 novembre 1914 au champ d'honneur. Le 16 octobre 1915, c'est le tour de Pérot. Il décède à l'hôpital. Il n'a pas survécu à ses blessures. Pendant qu'une jeunesse se fait tuer sous les balles ennemies, obéissant à des ordres donnés par des officiers généraux criminels, les jardiniers restés sur place continuent de s'activer. Ils ne sont pas assez nombreux, et trop vieux, pour entretenir le parc. Ils parviennent à peine à le maintenir en l'état. Tous leurs efforts sont concentrés sur les pépinières. Il s'agit de produire les semences légumières qui nourriront les valeureux poilus croupissant dans les tranchées. Pour aider le service en manque d'effectifs, il est fait appel à des immigrés tonkinois. La casquette et le chapeau de paille font place au chapeau chinois. Sitôt l'armistice signé, les ouvriers asiatiques sont priés de rejoindre leur pays, au plus vite et sans le moindre remerciement.

À la fin de la guerre, la France se couvre de monuments mortuaires. Dans chaque ville, dans chaque village, un soldat inconnu de bronze rend hommage à ses frères de sang tombés pour « la der des ders ». Pas au château de Versailles. Ici, on ne meurt pas, à moins d'être roi. Le château est dédié « À toutes les gloires de la France » et la gloire, comme la France, est éternelle. Ni le sang donné, ni la sueur versée, ni la vie sacrifiée ne sont commémorés, à la différence des espèces sonnantes et trébuchantes, car l'argent, lui, est célébré à chaque encoignure. Dans la galerie de l'aile Nord, le visiteur, entre l'entrée et la chapelle royale, passe devant pas

L'envers du décor

moins de 19 plaques, à la gloire de 488 donateurs. Pas une statue, pas un vase restauré qui n'ait sa plaque remerciant un généreux mécène. Dès le vestibule, une plaque d'au bas mot deux mètres de haut chante les louanges du milliardaire américain Rockefeller. Le style en est grandiloquent :

> *Au lendemain de*
> *la guerre mondiale*
> *un citoyen des États-Unis d'Amérique*
> *John D. Rockefeller Jr*
> *a contribué par*
> *ses magnifiques libéralités*
> *à restaurer*
> *le château et le parc*
> *de Versailles*
> *les palais de Trianon*
> *et leurs jardins*
> *la cathédrale de Reims*
> *le château de Fontainebleau.*
>
> *En inscrivant ici le nom de*
> *John D. Rockefeller Jr*
> *le gouvernement*
> *de la République*
> *a voulu lui témoigner*
> *la gratitude*
> *du peuple français.*

Vice et Versailles

Il est à la mesure de la somme, 9 millions de francs, versée pour restaurer le château et le jardin.

Grâce à Rockefeller, des travaux de grande ampleur sont entrepris en 1924. L'architecte en chef François Benjamin Chaussemiche exulte. Il va enfin accomplir l'œuvre de sa vie, rendre leur lustre aux jardins de Versailles. La première mesure qu'il prend est d'assurer la sécurité des visiteurs et des ouvrages. Notre homme estime, à juste titre, que les arbres dont la hauteur culmine à 35 mètres constituent une menace. Les abattages commencent. Les bûcherons mettent à terre des centaines de chênes, marronniers, tilleuls. Ils dégagent les abords de l'allée Royale et du Grand Trianon, ainsi que le bosquet de la Colonnade. Mais en ces lendemains de guerre, il n'est pas bien vu de transformer le patrimoine national, d'autant qu'il se dit aussi que les manouvriers ont abattu les plus beaux sujets à des fins lucratives. Paul Léon, le directeur des Beaux-Arts, est alerté et met immédiatement un terme aux fonctions de l'architecte. Qu'importe si ce dernier a sauvé d'une destruction inévitable l'œuvre majestueuse de Girardon, l'*Enlèvement de Proserpine*, il doit payer pour son crime : on ne touche pas aux arbres de Versailles. La tempête de 1999 prendra moins de gants avec le patrimoine végétal.

L'envers du décor

Dans la seule nuit du 26 décembre 1999, 18 500 arbres ont été déracinés par les vents furieux.

Depuis 1976, je parcours les allées du domaine. Je connais les moindres recoins du parc et pourtant je ne me lasse pas de travailler et de vivre dans un lieu si magnifique et chargé de tant d'histoire. J'ai vu et accompagné des millions de visiteurs venus de tous les continents. J'ai surpris nombre de scènes amusantes, cocasses, coquines. Il me sera difficile, quand l'obligation me sera faite de partir pour — selon la formule consacrée — « jouir d'une retraite bien méritée », d'oublier tant de bons moments mais aussi les scènes d'angoisse dont je fus le témoin.

Je me souviendrai bien sûr de ces visions d'horreur qui me rappelaient à chaque instant que Versailles est une scène où la tragédie se joue : ce jeune Japonais pendu à la grille de la salle de bal, ce garçon d'à peine seize ans retrouvé mort d'épuisement par un matin d'automne près du Grand Trianon. Je me souviendrai aussi de ce sportif victime le 26 juillet 2009 d'un accident vagal dans une allée du parc. Jamais les secours ne furent aussi rapides ni aussi efficaces. Il y eut même un hélicoptère pour évacuer le blessé. Il faut dire que la victime n'était autre que le président de la République. Et comment oublier mon collègue caissier mort noyé dans le Grand Canal, et tous ceux qui ont perdu la vie en pleine force de l'âge, la tête fracassée par la chute d'une branche, écrasés par la remorque d'un tracteur ou simplement parce qu'ils avaient souhaité abréger une existence qui leur était devenue insupportable ?

Pas une stèle, pas un panonceau pour rendre hommage à ceux qui, hier et aujourd'hui, ont donné leur vie pour Versailles. Pas un mot pour les centaines de manœuvres tombés des toits ou écrasés par des pierres, pas un mot sur ces milliers de terrassiers et soldats morts de fièvre ou de fatigue en creusant les canaux qui permettent aujourd'hui aux fontaines d'exister, pas un mot pour les malheureux communards fusillés parmi les orangers, pas un mot sur les jardiniers, gardiens, artisans, pompiers, administratifs morts à Verdun ou déportés pendant la Seconde Guerre mondiale.

Mon souhait le plus cher serait qu'une plaque, même modeste, rappelle que ce palais de conte de fées est aussi celui des drames et des malheurs, car je ne peux ni ne veux oublier ceux, et ils sont nombreux, qui ont souffert dans leur chair et payé de leur vie pour nous permettre aujourd'hui de contempler et d'apprécier le

L'envers du décor

château des rois, Versailles. Mon vœu ne sera peut-être jamais exaucé : ce livre est pour moi l'occasion de leur rendre hommage.

BIBLIOGRAPHIE

CATHERINE ARMINJON (sous la direction de), *Quand Versailles était meublé d'argent*, Paris, RMN, 2007.

FRANÇOIS BLUCH, *La Vie quotidienne au temps de Louis XIV*, Paris, Hachette, 1984.

GUY BRETON, *Histoires d'amour de l'histoire de France*, Paris, Presses de la Cité, 1991.

ODILE CAFIN-CARCY et JACQUES VILLARD, *Versailles et la Révolution*, Paris, Art Lys, 1988.

ANDRÉ CORVISIER, *Louvois*, Paris, Fayard, 1983.

E.B. COURTOIS, *Rapport fait au nom de la commission chargée de l'examen des papiers trouvés chez Robespierre et ses complices*, Paris, Nivôse an III de la République.

GUSTAVE DESJARDINS, *Le Petit Trianon*, Versailles, Éditions L. Bernard, 1885.

MADEMOISELLE D.S.A, *L'Hiver de Versailles*, Paris, Chez Sébastien Mabre-Cramoisy, 1679.

ALEXANDRE DUMAS, *Louis XIV et son siècle*, Paris, A. Le Vasseur et Cie, 1844.

— *Feux royaux à Versailles* (collectif), Paris, Actes Sud, 2008.

HECTOR FLEISCHMANN, *Les Maîtresses de Marie-Antoinette*, Paris, Les éditions des bibliophiles, collection « L'histoire licencieuse », 1910.

PAUL FROMAGEOT, « Les Hôtelleries, cafés et cabarets de l'ancien Versailles », extrait de la *Revue de l'histoire de Versailles et de Seine-et-Oise*, 1907.

BRUNO FULIGNI (sous la direction de), *Dans les secrets de la police,* Paris, L'Iconoclaste, 2008.

DIDIER GODARD, *Le Goût de Monsieur. L'homosexualité masculine au XVIIe siècle*, Le Triadou, H&O, 2002.

JACQUES GUILLAUMIN, *Dans les bosquets illuminés*, Paris, Osmonde, 2005.

JEAN-PAUL GOUSSET et RAPHAËL MASSON, *Versailles. L'Opéra Royal*, Paris, Art Lys, 2010.

Vice et Versailles

JEAN-PIERRE GUÉNO, *Les Diamants de l'histoire*, Paris, Éditions Jacob Duvernet, 2000.
BRUNO HALIOUA, *Histoire de la médecine*, Paris, Masson, 2009.
HISTORIA, *Les Grandes Heures de Versailles*, mai-juin 1993.
SIMONE HOOG, *Le Jardin de Versailles*, Paris, Art Lys, 1999.
JACQUES LEVRON, *Versailles, ville royale*, Paris, La Nef de Paris, 1964.
PASCAL LOBGEOIS et JACQUES DE GIVRY, *Versailles. Les Grandes Eaux*, Paris, JDG, 2008.
ANDRÉ MAUROIS, *Louis XIV à Versailles*, Paris, Hachette, 1955.
JULES MICHELET, *Histoire de France*, Paris, A. Lacroix et Cie Éditeurs, 1877.
C.A.E MOBERLY et E.F. JOURDAN, *Les Fantômes de Trianon*, Paris, Le Rocher, 1978.
MARIE-CHRISTINE MOINE, *Les Fêtes à la cour du Roi-Soleil*, Paris, Éditions Fernand Lanore, 1984.
WILLIAM R. NEWTON, *L'Espace du roi*, Paris, Fayard, 2000.
PIERRE DE NOLHAC, *Versailles résidence de Louis XIV*, Paris, Louis Conard Éditeur, 1925.
ANDRÉ PÉRATÉ, *Versailles*, Paris, Laurens éditeur, 1912.
ÉLISABETH REYNAUD, *Le Petit Trianon et Marie-Antoinette*, Paris, Télémaque, 2010.
JEAN-FRANÇOIS SALMON, *Versailles*, Paris, Le Rocher, 1997.
XAVIER SALMON, *Les Pastels*, Catalogue d'exposition, Paris, RMN, 1997.
MADAME DE SÉVIGNÉ, *Lettres*, Paris, Institut de France, 1853.
TALLEMANT DES RÉAUX, *Historiettes*, Paris, Gallimard, 1960.
JACQUES THUILLIER, *La Galerie des Glaces*, Paris, Gallimard, 2007.
VOLTAIRE, *Le Siècle de Louis XIV*, Paris, Le Livre de Poche, 2005.
GILETTE ZIEGLER, *Le Règne de Louis XIV*, Genève, Julliard, 1963.

TABLE DES MATIÈRES

1. Jardin fatal 7
2. Qui a peur du loup ? 15
3. « Martyr, c'est pourrir un peu » 25
4. « Un favori sans mérite » 40
5. Le Masque de fer 59
6. Ma maison des horreurs 71
7. Les poisons 77
8. Attentats 96
9. Cimetières 110
10. L'esprit du siècle 119
11. Dérobades 137
12. Calomniez, il en restera toujours quelque chose 151
13. Chambres sanglantes 162
14. L'envers du décor 178

Conclusion 191

Bibliographie 201

Composé par Nord Compo Multimédia
7, rue de Fives, 59650 Villeneuve-d'Ascq

CET OUVRAGE
A ÉTÉ ACHEVÉ D'IMPRIMER
SUR ROTO-PAGE
PAR L'IMPRIMERIE FLOCH
À MAYENNE EN DÉCEMBRE 2011

N° d'édition : 17032 – N° d'impression : 81299
Premier tirage, dépôt légal : septembre 2011
Nouveau tirage, dépôt légal : décembre 2011
Imprimé en France